«Este libro maravilloso de Dan lamenta nuestro discipulado en el punt o Señor Jesús. Es fácil pensar que a me pasamos a «asuntos más sofisticados» (j. ando en realidad tan solo necesitamos aprender la belleza y la profundidad de Jesús y todo lo que ha hecho por nosotros. Eso es lo que Ortlund nos ayuda a hacer aquí. ¡Este libro te bendecirá!».

Paul E. Miller, autor, *A Praying Life* y *J-Curve: Dying and Rising with Jesus in Everyday Life*

«Esa angustia en tu alma por más es parte del proceso de crecimiento, un regalo de hambre y sed que Jesús, el pozo inagotable, llenará. En *Profundo*, Dane Ortlund nos recuerda que la angustia no se satisface al modificar el comportamiento o con una solución rápida, sino con la belleza de la amistad con Jesús y la paz de ser más profundamente aceptado en nuestras almas. Si tienes hambre y sed de más vida, más gozo, más paz y más Jesús, este es un libro para ti».

Matt Chandler, pastor principal, The Village Church, Dallas, Texas; Presidente, Acts 29 Church Planting Network; autor, *The Mingling of Souls* y *The Explicit Gospel*

«Jesús dijo que nuestra mayor "obra" es creer. Tanto como cualquier autor vivo, Dane Ortlund me ha ayudado a creer de nuevo al volver a familiarizarme con la impresionante ternura y belleza de Jesús. Al leer sus palabras, puedo sentir que mi corazón crece en confianza, devoción y afectos piadosos, cimentados en el amor del Salvador por mí. En este libro pastoral increíblemente útil, Dane resuelve las implicaciones de esa visión de Jesús en cuanto al crecimiento personal, mostrándonos cómo la clave para ir más allá con Jesús es profundizar en Su obra terminada».

J. D. Greear, pastor principal, The Summit Church, Raleigh-Durham, Carolina del Norte

«Después de haber meditado en la sabiduría, la belleza y el aliento del nuevo libro de Dane, entiendo perfectamente por qué mi amigo eligió *Profundo* como la imagen principal para el título. ¿Cómo nos cambia Dios como Sus hijos amados? No pienses tanto en escalar una montaña sino más bien en nadar en un océano profundo donde haya más de Jesús. Si alguna vez te has preguntado qué quiere decir realmente la Biblia cuando dice "puestos los ojos en Jesús, el autor y consumador de la fe", este debería ser el siguiente libro en el que inviertas tiempo. Dane nos ayuda a comprender que el evangelio se trata más de una persona, a la que hay que adorar y conocer, que de proposiciones teológicas y categorías por dominar».

Scotty Smith, pastor emérito, Christ Community Church, Franklin, Tennessee; maestro residente, West End Community Church, Nashville, Tennessee

Cambio real para pecadores reales

PROFUNDO

DANE C. ORTLUND

ESPAÑOL
BRENTWOOD, TENNESSEE

Dedicado afectuosamente al
cuerpo docente del Covenant Theological Seminary, 2002-2006,
quienes me enseñaron sobre el verdadero cambio en la Biblia
y luego fue evidente en sus vidas.

«Aslan», dijo Lucy, «estás más grande».

«Eso es porque tú has crecido, pequeña», respondió él.

«¿No es porque tú has crecido?».

«Yo no he crecido. Pero cada año en que tú crezcas, me verás más grande».

C. S. LEWIS, El príncipe Caspian

Contenido

Prefacio de la serie

NUESTRAS CONVICCIONES Y VALORES INTERNOS dan forma a nuestras vidas y a nuestros ministerios. En *Union*, los ministerios cooperativos de *Union School of Theology*, *Union Publishing*, *Union Research* y *Union Mission* (visita www.theolo.gy), anhelamos crecer y apoyar a hombres y mujeres para que se deleiten en Dios, crezcan en Cristo, sirvan a la iglesia y sean de bendición al mundo. Esta serie de libros de *Union* es un intento por expresar y compartir esos valores.

Son valores que fluyen de la hermosura y de la gracia de Dios. El Dios viviente es tan glorioso y bondadoso que no lo puedes conocer si es que no lo adoras. Aquellos que realmente lo conocen, lo amarán; y sin ese deleite sincero en Dios, no somos más que hipócritas vacíos. Esa adoración de Dios necesariamente se traduce en un deseo de crecer en semejanza a Cristo. También fomenta un amor por la preciosa novia de Cristo, la iglesia, y un deseo humilde de servirla, en lugar de utilizarla. Por último, amar a Dios nos lleva a compartir Sus preocupaciones, especialmente para ver Su gloria vivificante llenando la tierra.

Cada estudio de un tema de la serie *Union* aparecerá en dos versiones: un volumen completo y otro conciso. La idea es que los líderes de la iglesia lean el libro completo, como este, y así puedan profundizar en cada tema y que también hagan que la versión concisa esté asequible y disponible para la congregación.

Mi esperanza y oración es que estos libros sean de bendición tanto para ustedes como para su iglesia a medida que desarrollan un deleite más profundo en Dios, el cual se desborda en integridad gozosa, humildad, semejanza a Cristo, amor por la iglesia y una pasión por hacer discípulos en todas las naciones.

Michael Reeves
EDITOR DE LA SERIE

Introducción

¿CÓMO CRECEN LOS CRISTIANOS?

La pregunta en sí misma provoca inmediatamente diferentes sentimientos entre nosotros. Algunos sentimos culpa. No estamos creciendo y lo sabemos. La culpa en sí misma se perpetúa, paralizándonos aún más y nos estanca espiritualmente.

En otros, surge un anhelo. Realmente deseamos crecer más de lo que somos.

Algunos de nosotros, si somos sinceros, nos volvemos arrogantes cuando se menciona el tema del crecimiento espiritual. Estamos muy seguros de lo bien que lo estamos haciendo, aunque esa autoevaluación se forma, en gran medida, al compararnos en silencio con los demás y al tener un entendimiento miope de lo que en realidad nos motiva en nuestras vidas cristianas.

El tema provoca en otros un cinismo de bajo grado sobre nosotros. Lo hemos intentado. O al menos así parece. Hemos intentado esta estrategia y también aquella, leímos este libro y aquel, hemos ido a esa conferencia y a aquella. Al final del día, todavía sentimos que estamos girando sobre nuestras ruedas, incapaces de obtener un impulso real en nuestro crecimiento en la gracia.

Ninguno se cuestiona la necesidad de crecer. Lo vemos en la Biblia: «Crezcan en la gracia y el conocimiento de nuestro Señor y Salvador Jesucristo» (2 Ped. 3:18). «Creceremos en todos *los aspectos*» (Ef. 4:15). Vemos la necesidad de crecimiento no solo en la Biblia sino en nuestros propios corazones. Nos sorprende el doloroso ejercicio de autoexaminarnos con honestidad. Descubrimos que gran parte de nuestras vidas, incluso las formas en las que bendecimos al mundo que nos rodea, mana sutilmente de la fuente del Ser. El don se entrega, el servicio se hace, el sacrificio se realiza, no por los motivos generosos que mostramos a los demás, a Dios, e incluso a nosotros mismos, sino con propósitos egoístas. Eso es considerando solo lo que otros ven. ¿Qué hay de la miseria de nuestras vidas cuando nadie está viendo? ¿Cómo matamos los pecados que cometemos en la oscuridad?

La pregunta, entonces, no es «si» necesitamos crecer, sino cómo. Para todos los que han nacido de nuevo, en medio de todas estas diversas reacciones, en algún lugar, siempre habrá una semilla con un sincero deseo de crecimiento.

Entonces, ¿cómo sucede?

El argumento básico de este libro es que el cambio ocurre al profundizar. Algunos creyentes piensan que el cambio sucede mejorando por fuera, comportándose cada vez más parecido a alguna norma moral (la ley bíblica o los mandamientos de Jesús o la conciencia o lo que sea). Otros piensan que el cambio ocurre, en principio, a través del crecimiento intelectual, entendiendo la doctrina con mayor amplitud y precisión. Otros piensan que viene puntualmente a través de la experiencia sensorial: aumento de los sentidos en la medida que adoramos a Dios.

Mi argumento es que estos tres elementos están incluidos en el desarrollo cristiano saludable (y si falta alguno, estaremos fuera de proporción y no creceremos), pero el crecimiento real los trasciende a todos. Crecer en Cristo no es puntualmente mejorar o agregar o experimentar, sino «profundizar». Está implícito en el concepto de profundización que ya tienes lo que necesitas. El crecimiento cristiano es alinear lo que haces y dices (e incluso sientes) con lo que ya eres.

Esta es más o menos la forma en que Henry Scougal describió la vida cristiana en su pequeño libro *La vida de Dios en el alma del hombre*. Scougal era un profesor de divinidad en la Universidad de Aberdeen que murió de tuberculosis a los veintiocho años. En 1677 escribió una larga carta a un amigo que estaba desanimado, la cual más tarde se convirtió en el libro. Fue el catalizador en la conversión del evangelista británico George Whitefield, quien dijo: «Nunca supe lo que era la religión verdadera hasta que Dios me envió este excelente tratado». En ese libro, Scougal dice que algunos cristianos piensan que crecemos a través de un comportamiento más puro, otros a través de una doctrina más precisa y otros a través de emociones más profundas, pero el cambio real ocurre a través de esta realidad: la vida de Dios en el alma del hombre.

Scougal y otros santos del pasado nos ayudarán a adentrarnos en la Biblia y ver las riquezas que Dios tiene en Su Palabra para nuestra vida cristiana cotidiana. Traeremos a la mesa a varios sabios del pasado para ayudarnos a entender realmente las Escrituras. La gran mayoría de la sabiduría que hoy tenemos disponible se encuentra entre los muertos. Aunque sus espíritus están ahora con Cristo en el cielo, los libros y sermones de Agustín, Gregorio Magno, Lutero, Calvino, Knox, Sibbes, Goodwin, Owen, Bunyan, Edwards, Whitefield, Ryle, Spurgeon, Bavinck, Lewis y Lloyd-Jones permanecen con nosotros. Así que tomaremos fuerza y entendimiento de los grandes del pasado, mucho más que de los famosos del presente cuando consideremos lo que la Escritura nos da para crecer en Cristo.

En este libro estaremos pensando sobre el «cambio real para pecadores reales», como lo expresa nuestro subtítulo, en oposición al cambio superficial para los pecadores teóricos. No buscamos modificar el comportamiento en este libro. No voy a hablarte de configurar tu alarma más temprano o reducir los carbohidratos. Ni siquiera vamos a reflexionar sobre el diezmo o la asistencia a la iglesia o escribir en tu diario o los grupos pequeños o tomar los sacramentos o leer a los puritanos. Todo eso se puede hacer con un corazón corrupto. Estamos hablando de un cambio «real». Estamos hablando de un cambio real para los «pecadores verdaderos». Si confiesas la doctrina del pecado original, pero al mismo tiempo sientes que te está yendo bastante bien como cristiano, puedes volver a poner este libro en el librero. Este libro es para los frustrados, los abrumados, los que están al límite. Aquellos que están a punto de renunciar a cualquier progreso real en su crecimiento cristiano. Si no solo te adhieres a la doctrina del pecado original en el papel, sino que también compruebas la doctrina del pecado original en tu vida diaria, este libro es para ti.

Algunos puntos de antemano.

Primero, no te voy a apresurar. Nadie más debería hacerlo. Somos pecadores complicados. A veces damos dos pasos hacia adelante y tres hacia atrás. Necesitamos tiempo. Sé paciente contigo mismo. Un sentido de urgencia, sí; pero no un sentido de prisa. Las transformaciones de la noche a la mañana son la excepción, no la norma. El cambio lento sigue siendo un cambio real. Es la forma habitual en la que Dios trata con nosotros. Tómate tu tiempo.

Segundo, al empezar este libro, abre tu corazón a la posibilidad de un cambio real en tu vida. Una de las grandes victorias del diablo es inundar nuestros corazones con un sentido de ineficacia. Tal vez su mayor victoria en tu vida no es un pecado que estás cometiendo habitualmente, sino tan solo una sensación de impotencia en cuanto al crecimiento real.

En tercer lugar, te animo a no consumir este libro, sino a reflexionar a través de él. Tal vez eso signifique escribir un diario a la par de la lectura. Tal vez signifique leer con un amigo. Haz todo lo que puedas para procesar lentamente, macerando, meditando, dejando que las verdades de la Biblia te guíen hacia los verdes pastos que anhelas en tu caminar con el Señor. Leer rápido un libro como este es una lectura en la que absorberás lo mínimo.

Cuarto, este libro está escrito por un colega paciente, no por un médico. Está escrito para mí y por mí. Tanto por el fracaso como por el éxito.

1

Jesús

ESTE ES UN LIBRO QUE TRATA DE CRECER EN CRISTO. Entonces, lo primero que hay que aclarar es quién es Jesucristo en sí. Nuestro crecimiento no es una mejora personal e independiente. Es crecimiento «en Cristo». Entonces, ¿quién es Él?

En este punto la tentación para muchos de nosotros es suponer que sabemos más o menos quién es Jesús. Hemos sido salvados por Él. Hemos pasado tiempo en la Biblia a lo largo de los años. Hemos leído algunos libros sobre Él. Les hemos contado a otros sobre Él.

Sin embargo, si somos sinceros, todavía encontramos nuestras vidas plagadas de fracasos, preocupaciones, disfunción y vacío.

Una razón frecuente por la que no dejamos atrás el pecado es que tenemos una idea muy básica de Jesús. No es una idea heterodoxa; somos completamente ortodoxos en nuestra cristología. Entendemos que Él vino del cielo, como el Hijo de Dios, para vivir la vida que no podemos vivir y morir la muerte que merecemos morir. Afirmamos Su gloriosa resurrección. Confesamos junto a los credos antiguos que Él es de verdad Dios y de verdad hombre. No tenemos una postura heterodoxa. Tenemos una postura muy básica que, a pesar de toda su precisión doctrinal, ha reducido la gloria de Cristo en nuestros corazones.

Así que tenemos que empezar por tener claro quién es esta persona en la que crecemos. Empecemos justo allí: Él es una persona. No solo una figura histórica, sino que es una persona real, viva, que es plena y con la cual nos identificamos. Es de confianza, se le habla, se le escucha. Jesús no es un concepto. No es un ideal. No es una fuerza. Crecer en Cristo es una experiencia relacional, no una fórmula.

Entonces, ¿quién es esta persona?

El inescrutable

Efesios habla de «las inescrutables riquezas de Cristo» (Ef. 3:8). La palabra griega subyacente a «inescrutable» aparece solo una vez más en el Nuevo Testamento, en Romanos 11:33: «¡Oh, profundidad de las riquezas y de la sabiduría y del conocimiento de Dios! ¡Cuán insondables son Sus juicios e *inescrutables* Sus caminos!». Romanos 11 llama inescrutables a la sabiduría y el conocimiento de Dios. Eso tiene sentido. Dios es infinito y omnisciente; por supuesto que Su sabiduría y conocimiento son inescrutables. Pero Efesios 3 llama inescrutables a las «riquezas» de Cristo. ¿Cómo? ¿Qué significa que haya riquezas en Cristo y que estas riquezas sean inescrutables? ¿Cómo es eso que podemos cavar y cavar pero nunca tocar el fondo de ellas?

Mientras avanzas tu lectura en este libro, déjame proponerte una idea. Permíteme sugerirte que consideres la posibilidad de que tu idea mental actual de Jesús es la punta del iceberg. Que hay profundidades maravillosas en Él, realidades sobre Él, que todavía esperan que las descubras. No estoy ignorando el verdadero discipulado que ya ha ocurrido en tu vida y los verdaderos descubrimientos de las profundidades de Jesucristo que ya has hecho. Pero déjame pedirte que estés dispuesto a la posibilidad de que una de las razones por las que ves un crecimiento modesto y un pecado continuo en tu vida, si ese es realmente el caso, es que el Jesús que estás siguiendo es un Jesús junior, un Jesús involuntariamente reducido, un Jesús que no sorprende y que es predecible. No digo que ese sea el caso. Solo te pido que te examines con sinceridad.

Cuando Cristóbal Colón llegó al Caribe en 1492, llamó a los nativos «indios», pensando que había llegado a lo que los europeos de la época denominaban «las Indias» (China, Japón e India). De hecho, ni siquiera estaba cerca del sur o del este de Asia. En su camino había vastas regiones de tierra, inexploradas y desconocidas, de las cuales Colón no sabía nada. Supuso que el mundo era más pequeño de lo que era.

¿Hemos cometido un error similar con respecto a Jesucristo? ¿Hay vastas extensiones de quién es Él, según la revelación bíblica, que no son exploradas? ¿Lo hemos reducido de forma involuntaria a proporciones manejables y predecibles? ¿Hemos estado viendo a un Jesús elemental, que no nos emociona y unidimensional producto de nuestra propia creación, pensando que estamos viendo al verdadero Jesús? ¿Hemos buceado en las aguas poco profundas, pensando que ya hemos tocado el fondo del Pacífico?

En este capítulo me gustaría mencionar siete facetas de Cristo, siete «regiones» de Cristo que suelen ser poco exploradas en nuestra generación. Se podrían considerar docenas más. Pero nos limitaremos a estas siete: el que gobierna, el que salva, el que es amigo, el que persevera, el que intercede, el que regresará y el que es tierno. El objetivo de este ejercicio es llevar al Cristo vivo a un contraste más preciso y marcado, verlo más grande, más radiante y más glorioso que nunca, cambiar nuestro *snorkel* y lentes para el agua por un equipo de buceo que nos lleve a profundidades que nunca habíamos visto y que busquemos el crecimiento cristiano a partir de una mirada precisa y cada vez más profunda del Cristo a quien hemos estado unidos.

El que gobierna

Jesús ejerce la autoridad suprema sobre todo el universo. Justo antes de Su ascensión dijo: «Toda autoridad me ha sido dada en el cielo y en la tierra» (Mat. 28:18). Él no está esperando estar a cargo; Él gobierna ahora de forma suprema. El hecho de que el mundo deje de lado Su autoridad no refleja en nada la realidad de esa autoridad. Desde la perspectiva del cielo, todo va según lo planeado. Jesucristo está supervisando todo lo que sucede, tanto en la iglesia como en la historia del mundo en general. Nuestra percepción y capacidad para ver Su gobierno puede ir y venir; pero eso es solo una percepción. Su gobierno real se mantiene firme: supremo, fuerte, exhaustivo, que lo ve todo. Ningún negocio de drogas escapa de Su mirada, ningún escándalo político se desarrolla más allá de lo que Él ve, ninguna injusticia puede ocurrir a Sus espaldas. Cuando los líderes mundiales de hoy se reúnen, ellos son sostenidos en la mano del carpintero galileo que ha resucitado.

Este reinado supremo es válido no solo para el cosmos y para la historia del mundo, sino también para tu pequeña vida. Él te ve. Él te conoce. Nada se oculta de Su mirada. Un día serás juzgado, no según lo que era visible para los demás, sino según lo que realmente fuiste e hiciste. La Biblia dice que cuando Jesús venga a juzgar al mundo, «sacará a la luz las cosas ocultas en las tinieblas y también pondrá de manifiesto los designios de los corazones» (1 Cor. 4:5). No solo lo que hicimos en secreto, sino incluso nuestras propias motivaciones serán reveladas y juzgadas.

Puede que no veamos a Jesús con nuestros ojos. Pero Él es lo más real en el universo. La Biblia dice que «en Él todas las cosas permanecen» (Col. 1:17). Si eliminas a Jesús del universo, todo lo demás se desmorona. Él no es un salvador de fantasía, al que le sonreímos y simplemente lo añadimos a una vida que funciona sin problemas. Él es el poderoso sustentador del universo y es ante Su gobierno supremo que doblaremos las rodillas en esta vida o en la próxima (Fil. 2:10). Considera la descripción de Él en Apocalipsis 1. Juan, sin duda, está tratando de capturar en palabras lo que no se puede decir en palabras, mientras que describe a

> uno semejante al Hijo del Hombre, vestido con una túnica que le llegaba hasta los pies y ceñido por el pecho con un cinto de oro. Su cabeza y Sus cabellos eran blancos como la blanca lana, como la nieve. Sus ojos eran como una llama de fuego. Sus pies se parecían al bronce bruñido cuando se le ha hecho refulgir en el horno, y Su voz como el ruido de muchas aguas. En Su mano derecha tenía siete estrellas, y de Su boca salía una espada aguda de dos filos. Su rostro era como el sol cuando brilla con toda su fuerza. Cuando lo vi, caí como muerto a Sus pies. (Apoc. 1:13-17)

¿Has reducido al Señor Jesús a la imagen de un salvador seguro, controlable y predecible que ayuda y contribuye a tu existencia, la cual, de otro modo funcionaría sin problemas? ¿Has tratado lo que es espiritualmente nuclear como si fuera una pequeña batería de juguete? ¿Podría ser que una de las razones por la que nos detenemos en nuestro crecimiento en Cristo sea, sin saberlo, que hemos reducido la autoridad expansiva y el gobierno de Jesucristo sobre todas las cosas? ¿Puede ser que no tengamos el temor apropiado de asombrarnos y temblar ante el Señor Jesús, el verdadero Jesús que un día silenciará la violencia de las naciones con un pequeño susurro? Jesús gobierna.

El que salva

Puede parecer obvio que el Jesús verdadero es un Jesús salvador. Pero me refiero a algo muy específico cuando lo llamo «el que salva». Me refiero a que está salvando «y no solo ayudando». Como pecadores no estamos heridos, sino muertos en nuestros delitos y no necesitamos solo ser fortalecidos o ayudados, sino ser resucitados, una liberación a gran escala (Ef. 2:1-6).

Cuando consideramos nuestro crecimiento en Cristo, ¿tenemos una mirada pobre de todo lo que Dios tuvo que hacer, en Cristo, para liberarnos? En nuestro continuo caminar con el Señor, hoy en día, ¿creemos de forma funcional que la vida cristiana saludable está relacionada solo con nuestros esfuerzos y que el bautismo es un pequeño empujón extra de Jesús?

¿Sabemos lo que significa ser «salvo»? En el Evangelio de Lucas, Jesús cuenta una parábola para aclarar este punto:

Uno de los fariseos pidió a Jesús que comiera con él; y entrando Él en la casa del fariseo, se sentó a la mesa. Había en la ciudad una mujer que era pecadora, y cuando se enteró de que Jesús estaba sentado a la mesa en casa del fariseo, trajo un frasco de alabastro con perfume; y poniéndose detrás de Él a Sus pies, llorando, comenzó a regar Sus pies con lágrimas y los secaba con los cabellos de su cabeza, besaba Sus pies y los ungía con el perfume. Pero al ver esto el fariseo que lo había invitado, dijo para sí: «Si Este fuera un profeta, sabría quién y qué clase de mujer es la que lo está tocando, que es una pecadora». Y Jesús le dijo: «Simón, tengo algo que decirte». «Di, Maestro», le contestó.

«Cierto prestamista tenía dos deudores; uno le debía 500 denarios y el otro cincuenta; y no teniendo ellos con qué pagar, perdonó generosamente a los dos. ¿Cuál de ellos, entonces, lo amará más?». «Supongo que aquel a quien le perdonó más», respondió Simón. Y Jesús le dijo: «Has juzgado correctamente». Y volviéndose hacia la mujer, le dijo a Simón: «¿Ves esta mujer? Yo entré a tu casa y no me diste agua para Mis pies, pero ella ha regado Mis pies con sus lágrimas y los ha secado con sus cabellos. No me diste beso, pero ella, desde que entré, no ha cesado de besar Mis pies. No ungiste Mi cabeza con aceite, pero ella ungió Mis pies con perfume. Por lo cual te digo que sus pecados, que son muchos, han sido perdonados, porque amó mucho; pero a quien poco se le perdona, poco ama». Entonces Jesús le dijo a la mujer: «Tus pecados han sido perdonados». Los que estaban sentados a la mesa con Él comenzaron a decir entre sí: «¿Quién es Este que hasta perdona pecados?». Pero Jesús dijo a la mujer: «Tu fe te ha salvado, vete en paz». (Luc. 7:36-50)

Cada ser humano tiene quinientos denarios de deuda. El punto de la parábola es que tendemos a «sentir» que solo debemos cincuenta denarios. Mientras más evidentes son los fracasos, en cierto sentido, se reconoce la pecaminosidad con más facilidad, por lo tanto, uno está más dispuesto y ansioso de ser liberado y ser sacado de la muerte con una salvación completa y total.

Una razón por la que nuestro crecimiento espiritual se reduce es que gradualmente nuestro corazón pierde la capacidad de entender la extensión de la obra de Jesús al salvarnos. «Salvarnos». Cuando corríamos a toda velocidad en otra dirección, Él nos persiguió, sometió nuestra rebelión y abrió nuestros ojos para ver la necesidad que teníamos de Él y de Su suficiencia total para satisfacer esa necesidad. No nos estábamos ahogando, como para que tuviéramos necesidad de un salvavidas. Estábamos muertos como piedras en el fondo del océano. Él nos levantó, nos dio vida nueva y nos puso de pie y cada aliento que ahora damos es porque fuimos liberados por completo y de forma absoluta de nosotros mismos y de toda nuestra incapacidad y muerte.

Jesús salva.

El amigo

«Ya no los llamo siervos [...]; pero los he llamado amigos» (Juan 15:15). Entender en el corazón la amistad de Jesús con los suyos es un aspecto de Su suficiencia completa sin la cual el crecimiento más elemental no puede suceder.

Algunos de nosotros podemos tener una comprensión profunda de la gloria trascendente de Jesús, un aspecto tan esencial de Él como cualquier otro. Temblamos al pensar en Él. Su grandeza resplandeciente se asoma sobre nuestra conciencia diaria. Nos acercamos a Él con reverencia y asombro. ¡Tal como deberíamos!

Pero el que es a la vez León y Cordero es a la vez trascendente e inmanente, es lejano y cercano, grande y bueno, tanto Rey como Amigo. Te pregunto: ¿el Salvador es tu «amigo» más amado y verdadero?

¿Qué hace un amigo? Un amigo se acerca en tiempos de necesidad. Un amigo se deleita en solidarizarse con nosotros, llevando nuestras cargas. Un amigo escucha. Un amigo está disponible para nosotros, nunca es demasiado superior o importante para darnos de su tiempo.

Un amigo comparte lo más profundo de su corazón. Ese es precisamente el punto de la cita anterior de Juan 15, que se lee completo así: «Ya no los llamo siervos, porque el siervo no sabe lo que hace su señor; pero los he llamado amigos, porque les he dado a conocer todo lo que he oído de Mi Padre» (Juan 15:15). Increíble: el Dios trino nos trae a Sus planes para restaurar el universo. Él nos hace parte de Su círculo íntimo. Nos informa de lo que está haciendo y celebra nuestra participación en ello.

Jesús fue acusado de ser «amigo de recaudadores de impuestos y de pecadores» (Mat. 11:19; Luc. 7:34). Sin embargo, esa misma acusación, mezclada con desprecio, es un profundo consuelo para aquellos que saben que se encuentran en esa categoría de «pecadores». Es por eso que estos dos grupos (recaudadores de impuestos y pecadores) eran precisamente los que «se acercaban para oír a Jesús» en Lucas 15:1. Cerca de Jesús, los pecadores, aquellos que «saben» que son pecadores, se sienten seguros. Se ven a sí mismos culpables y también sostenidos en amor, en lugar de uno u el otro. La vergüenza que sentimos es lo que atrae a Jesús. Él es el poderoso amigo de los pecadores.

¿Qué otro tipo de salvador haría eso? ¿Quién de nosotros podría obtener un impulso nuevo y verdadero en nuestra vida si siguiéramos a un salvador que se mantiene a una distancia prudente, que no nos trate como amigos sino como empleados? Pero si este es un Salvador que se acerca a nosotros, que solo es repelido por Su rectitud moral, pero nunca por la vergüenza y la debilidad que hemos reconocido, no hay límite para lo profunda que puede llegar a ser una transformación en nosotros. Es en el momento de mayor culpa y de arrepentimiento más profundo que Su amistad nos abraza con mayor seguridad y más firmeza.

Si Él es amigo de los pecadores y si sabes que eres un pecador, entonces deja que se haga tu amigo más profundamente de lo que alguna vez alguien ha sido. Ábrele tu corazón como no se lo abres a ningún otro amigo terrenal. Deja que te ame como amigo de los fracasados, Él es el aliado invencible de los débiles.

Jesús se hace amigo de nosotros.

El que persevera

La naturaleza de todas las relaciones humanas es que fluctúen. Profesamos un compromiso eterno el uno con el otro y realmente lo decimos en serio. Pero los humanos somos volubles. Incluso en el

·matrimonio, entramos por la fuerza de un pacto. ¿Por qué? Porque sabemos que nuestros sentimientos van y vienen. Necesitamos un vínculo que vaya más allá de nuestros sentimientos para unir a un esposo con su esposa.

¿Quién es Jesús? Un amigo que no cambia. Él persevera. Entrando a la última semana de Su vida terrenal, el Evangelio de Juan nos dice: «habiendo amado a los Suyos que estaban en el mundo, los amó hasta el fin» (Juan 13:1). Jesús se une a Su pueblo. Sin fecha de caducidad. El camino no tiene final. Nuestra parte del compromiso flaqueará y tropezará, pero la Suya nunca lo hará.

No creceremos en Cristo si vemos Su presencia y favor como un reloj que hace tictac, preparado para que suene la alarma una vez que hayamos fallado lo suficiente. Podemos florecer en un bienestar más profundo solo cuando la verdad se asiente sobre nosotros, que una vez que Jesús nos haya traído a sí mismo, nunca buscará una vía de escape. Él se quedará con nosotros hasta el final. En esa comprensión nos aquietamos y empezamos a florecer. Un estudioso de la Biblia llamó correctamente a nuestro crecimiento en Cristo «una clase de esfuerzo extrañamente relajado».[1] Nos esforzamos hacia adelante, pero es un esfuerzo que al mismo tiempo no tiene presión, porque entendemos en nuestros corazones que no podemos pecar lo suficiente como para salirnos de las manos de Jesús.

Esa es la lógica de Romanos 5. Jesús murió por nosotros «mientras aún éramos débiles» (v. 6), «cuando éramos enemigos» (v. 10), ciertamente no nos va a dejar ir ahora que somos Sus hermanos. Si Jesús fue a la cruz por nosotros cuando no le pertenecíamos, ha demostrado que se quedará allí con nosotros ahora que lo hacemos. Jesús persevera con nosotros.

---

1   C. F. D. Moule, *The New Life' in Colossians 3:1–17, Review and Expositor 70, no. 4* (1973): 482.

El que intercede

Otra parte vital pero descuidada de nuestro crecimiento en Cristo es saber que Su obra no terminó cuando resucitó de entre los muertos. Es común, pero erróneo, limitar la obra de Cristo a

Nacimiento → vida → muerte → sepultura → resurrección → ascensión.

Pues esto deja fuera el trabajo que Él está haciendo en este momento:

Nacimiento → vida → muerte → sepultura → resurrección → ascensión → intercesión.

La Biblia dice que nadie puede condenar a los creyentes porque «Cristo Jesús es el que [...] está a la diestra de Dios, el que también intercede por nosotros» (Rom. 8:34). Él está hablando por nosotros. «Jesús ora por nosotros». Esto es lo que hace el Cristo que ascendió. El viejo teólogo Thomas Goodwin dijo: «Déjame decirte que Él todavía estaría predicando en este día, si no fuera porque tenía otros asuntos que hacer por ti en el cielo, donde ahora está orando e intercediendo por ti, incluso cuando estás pecando; como lo vimos hacer en la tierra cuando oró por los judíos mientras lo crucificaban».[2]

Jesús no está aburrido en el cielo. Él está comprometido por completo a nuestro favor, tan comprometido como lo estuvo en la tierra. Él está intercediendo por nosotros. ¿Por qué? Porque seguimos pecando «como creyentes». Si la conversión nos cambiara de tal manera que nunca volviéramos a pecar, no necesitaríamos la obra intercesora de Cristo. Solo necesitaríamos Su muerte y resurrección para pagar por nuestros pecados cometidos antes de la conversión. Pero Él es un

---

2 Thomas Goodwin, *Encouragements to Faith, in The Works of Thomas Goodwin, 12 vols.* (reimp., Grand Rapids, MI: Reformation Heritage, 2006), 4:224.

Salvador comprensivo. La obra intercesora que hace ahora mismo aplica Su obra expiatoria del pasado, momento a momento ante el Padre a medida que avanzamos por la vida deseando agradar al Señor, pero fallando con frecuencia. La Biblia dice que Jesús «es poderoso para salvar para siempre a los que por medio de Él se acercan a Dios, puesto que vive perpetuamente para interceder por ellos» (Heb. 7:25). Su intercesión a nuestro favor en los atrios del cielo es una realidad constante y permanente: «Él vive siempre para interceder».

Creceremos en Cristo solo si reconocemos el aliado que es Jesucristo para nosotros ahora en el cielo. Él no murió y resucitó a nuestro favor en ese momento, y ahora solo está de brazos cruzados viendo cómo responderemos. Él continúa trabajando a nuestro favor, va «hasta lo sumo» por nosotros, abogando por nosotros cuando nadie más lo hará, ni siquiera nosotros mismos. «Él está más comprometido con tu crecimiento en Él que tú mismo».

Jesús intercede.

El que regresará

Nuestro crecimiento en Cristo también es fortalecido por un corazón animado en Su regreso inminente.

Es difícil avanzar en la vida cristiana si nos dejamos adormecer por la monótona sensación de que este mundo simplemente continuará para siempre como lo está hoy. Pero a medida que fomentamos una expectativa del tiempo «cuando el Señor Jesús sea revelado desde el cielo con Sus poderosos ángeles en llama de fuego» (2 Tes. 1:7-8), la urgencia y la expectativa nos impulsan hacia adelante.

¿Realmente creemos que un día, «en esa mañana de resurrección», como Jonathan Edwards predicó en 1746, «cuando el Sol de Justicia aparezca en los cielos, brillando en todo Su resplandor y gloria, saldrá como novio; vendrá en la gloria de Su Padre, con todos Sus santos ángeles».[3] Considéralo: Esto realmente va a suceder en un día de la historia del mundo. Un mes determinado, una fecha determinada. Ha sido establecido (Hech. 17:31). Solo Dios lo sabe (Mat. 24:36). Pero es inminente (Mat. 24:42). Cuando suceda, ¿no lamentaremos nuestro conformismo en nuestro crecimiento en Cristo? ¿No quedaremos desconcertados por lo grande que nuestra cuenta bancaria y reputación se erguían en nuestras mentes, mucho más grandes que nuestras condiciones espirituales reales?

Jesús dejó esta tierra en silencio, pero regresará con voz de mando (1 Tes. 4:16). Se esfumó; pero vendrá rugiendo en Su regreso. Puede ser mañana, y aún si no es así, estamos un día más cerca.

Jesús regresará.

El que es tierno

Finalmente, y esto es lo que quiero que resuene en tu corazón con más fuerza a medida que continúas con el resto del libro, es que Jesús es infinitamente tierno. Él es la persona más abierta y asequible, la más pacífica y servicial del universo. Es la persona más mansa y menos áspera con la que alguna vez te hayas relacionado. Fortaleza infinita, mansedumbre infinita.

Deslumbrantemente resplandeciente; infinitamente tranquilo.

Si tuvieras solo unas pocas palabras para definir quién es Jesús, ¿qué dirías? En el único lugar donde Él mismo nos habla de Su propio corazón, dice: «Soy manso y humilde de corazón» (Mat. 11:29). Recuerda que el «corazón» en términos bíblicos no se refiere solo a

---

3   Jonathan Edwards, *El matrimonio de la Iglesia con sus hijos y con su Dios*, en *Las obras de Jonathan Edwards, vol. 25, Sermones y discursos, 1743-1758* ed. Wilson H. Kimnach (New Haven, CT: Yale University Press, 2006), 183.

nuestras emociones, sino al núcleo vivo más íntimo de todo lo que hacemos. Nuestros amores, deseos y ambiciones más profundos salen de nuestros corazones. Cuando Jesús se abre y nos habla de la fuente, el motor, el núcleo palpitante de todo lo que hace, dice que en lo más profundo de Su ser, más que cualquier otra cosa, es manso y humilde. Mira hacia abajo en las profundidades de Jesucristo y allí encontramos: mansedumbre y humildad.

Nosotros, que conocemos nuestros corazones, nos resistimos a eso; vemos la miseria interior; ni bien nos enfrentarnos a nosotros mismos, nos sentimos tan insuficientes. Jesús es perfectamente santo, el divino Hijo de Dios. Es normal y natural, incluso en nuestras iglesias, sentir instintivamente que Él está sosteniendo a Su pueblo a distancia. Es por eso que necesitamos una Biblia. El testimonio de toda la Biblia, que tiene su cumbre en Mateo 11:29, es que Dios desafía lo que instintivamente sentimos cuando abraza a Su pueblo en su desastre. Él encuentra irresistible el arrepentimiento, la angustia, la necesidad y la carencia.

No tienes que pasar por un personal de seguridad para llegar a Jesús. No tienes que hacer una fila o comprar un boleto. No tienes que llamar Su atención. No es necesario que levantes la voz para asegurarte de que eres escuchado.

En tu pequeñez, Él te ve. En tu pecaminosidad, Él se acerca a ti. En tu angustia, Él se solidariza contigo.

Lo que debemos ver, es que Jesús no solo es amable contigo, sino que se siente atraído de forma positiva hacia ti cuando más crees que Él no quiere serlo. No es solo que no se siente repelido por tu perdición, sino que encuentra irresistible tu necesidad, vacío y tristeza. Él no tarda en satisfacerte en tu necesidad. Es la diferencia entre la alarma de un adolescente que suena un lunes por la mañana, obligándolo a arrastrarse fuera de la cama y ese mismo adolescente que sale de la cama en la mañana de Navidad. Basta con mirar al Salvador en Mateo, Marcos, Lucas y Juan. ¿Con quién comparte? ¿Qué le produce lágrimas? ¿Qué lo levanta de la cama por la mañana? ¿Con quién almuerza? Los marginados, los que se sienten vacíos, los que no tienen esperanza, los que tienen una vida catastrófica.

Lo primero que quiero dejar claro aquí, al inicio de este libro, es que el verdadero Jesús es manso y humilde de corazón. Digo el «verdadero» Jesús porque todos lo diluimos involuntariamente. Lo reducimos a lo que nuestras mentes pueden imaginar de forma natural. Pero la Biblia nos corrige, nos dice que dejemos de hacer eso. Sin una Biblia solo podremos crear un Jesús a nuestra propia imagen, un Jesús de moderada mansedumbre y misericordia. Las Escrituras derriban al Jesús diluido y revelan al verdadero Cristo. Lo que encontramos en la profundidad de Su corazón es mansedumbre y humildad.

Este es un libro sobre cómo cambiamos. Permíteme ser claro. *No cambiarás hasta que sepas quién es Jesús, particularmente, con respecto a Su sorprendente ternura.* Luego pasa toda tu vida profundizando en la mansedumbre de Jesús. La única alternativa que tenemos fuera del verdadero Jesús es que volvamos a la trotadora, la trotadora de hacer todo lo posible para seguir y honrar a Jesús, pero creyendo que Su misericordia y gracia son una reserva que se va agotando de forma gradual por nuestros fracasos y con la esperanza de llegar a la muerte antes de que el cerro de misericordia se agote. Aquí está la enseñanza de la Biblia: Si estás en Cristo, tus pecados hacen que esa reserva crezca aún más. Donde abundan los pecados, abunda Su gracia. Es en tu profunda vergüenza y arrepentimiento que Su corazón habita y «no se irá».

Mientras lees este libro y mientras continúas labrando tu camino por la vida, despoja de una vez por todas al Jesús diluido y eleva tus ojos al Jesús real, el Jesús cuya ternura siempre supera y abraza tus debilidades, el Cristo cuyas riquezas son inescrutables. Este Cristo es uno que al estar bajo Su cuidado e instrucción finalmente podrás florecer y crecer.

«Soy manso y humilde de corazón».

Jesús es tierno.

El verdadero Cristo

Haz de tu viaje de crecimiento un viaje hacia Cristo mismo. Explora regiones inexploradas de quién es Él. Resiste la tendencia que todos tenemos de reducirlo a nuestra expectativa preconcebida de cómo debe ser. Deja que te sorprenda. Deja que Su plenitud te arrastre y te impulse. Deja que sea un gran Cristo. C. S. Lewis comentó en una carta de 1959:

«Jesús, manso», ¡ni hablar! Lo más llamativo de nuestro Señor es la unión de la gran ferocidad con la ternura extrema. (¿Recuerdas a Pascal? «No admiro el extremo de una virtud a menos que me muestres al mismo tiempo el extremo de la virtud opuesta. Uno muestra su grandeza no al estar en un extremo, sino por estar en dos extremos a la vez, llenando todo el espacio que hay entre ellos»).

Agrega a esto que también es un ironista supremo, dialéctico y (a veces) humorista. ¡Así que adelante! Ahora estás en el camino correcto: llegar al verdadero Hombre que está detrás de todos los muñecos de yeso con los que se le sustituyeron. Esta es la imagen en forma humana del Dios que hizo al Tigre *y* al Cordero, la avalancha *y* la rosa. Él te asustará y te desconcertará: pero el verdadero Cristo puede ser amado y admirado como el muñeco no puede serlo.[4]

Determina hoy, ante Dios, a través de la Biblia y buenos libros que la explican, que pasarás el resto de tu vida adentrándote en las inescrutables riquezas del verdadero Cristo.

Deja que Él, en toda Su eterna plenitud, te ame mientras creces.

---

4   C. S. Lewis, *The Collected Letters of C. S. Lewis*, vol. 3, *Narnia, Cambridge, and Joy, 1950-1963* ed. Walter Hooper (San Francisco: HarperCollins, 2009), 1011; énfasis en el original.

2

Desesperación

HAY UN MENSAJE EXTRAÑO AUNQUE CONSISTENTE a lo largo de toda la Biblia. Se nos dice que el camino hacia adelante se sentirá como si retrocediéramos.

Los salmos nos dicen que aquellos cuyos corazones están quebrantados y que se sienten aplastados por la vida, son las personas a las que Dios se acerca más (Sal. 34:18). Proverbios nos dice que es a los humildes y a los afligidos a los que Dios muestra Su favor (Prov. 3:34). En Isaías nos sorprende saber que Dios mora en dos lugares: en lo alto, en la gloria del cielo y en lo bajo, con aquellos que no tienen confianza en sí mismos y están vacíos de sí mismos (Isa. 57:15; 66:1-2). Jesús nos dice que «si el grano de trigo no cae en tierra y muere, se queda solo; pero si muere, produce mucho fruto» (Juan 12:24). Él nos dice que el camino a la grandeza es el servicio y la manera de ser el primero es ser el siervo de todos (Mar. 10:43-44). Santiago tiene la osadía de instruirnos: «Que su risa se convierta en lamento» (Sant. 4:9).

¿Por qué la Biblia hace esto? ¿Acaso Dios quiere que siempre nos sintamos mal respecto a nosotros mismos? ¿Está deseoso de hacernos sentir más pequeños, de bajar el umbral de nuestro gozo para que no seamos demasiado felices?

Para nada. Él dice todo esto porque el gran deseo de Dios es que seamos gozosamente felices, llenos hasta rebosar con una alegría estruendosa del mismo cielo. Porque Él nos está llevando a la honestidad y a la cordura. Él quiere que veamos nuestra enfermedad para que podamos correr al médico. Él quiere que seamos sanados. Los seres humanos caídos entran en el gozo solo a través de la puerta de la desesperación. La plenitud solo puede venir a través del vacío. Eso sucede sin duda en la conversión, cuando confesamos nuestra situación irremediablemente pecaminosa por primera vez y colapsamos en los brazos de Jesús y luego se mantiene ese ritmo continuo a lo largo de la vida cristiana. Si no estás creciendo en Cristo, una razón puede ser que te has desviado de la sana y saludable disciplina de la desesperación sobre ti mismo.

Martín Lutero, así como cualquiera en la historia de la iglesia, entendió esto. En *The Bondage of the Will* [La esclavitud de la voluntad] escribió:

De cierto Dios ha prometido Su gracia a los humildes, es decir, a aquellos que se lamentan y se desesperan de sí mismos. Pero ningún hombre puede ser humillado por completo hasta que entienda de forma absoluta que su salvación está más allá de sus propios poderes, recursos, esfuerzos, voluntad y obras, y que depende totalmente de la elección, voluntad y obra de otro, es decir, solo de Dios. Porque mientras esté persuadido de que él mismo puede hacer incluso lo más mínimo para su salvación, él conservará cierta confianza en sí mismo y no se desesperará del todo de sí mismo y por lo tanto no se humillará ante Dios, sino que supone que hay o al menos espera o desea que pueda haber, algún lugar, tiempo y acción para él, por los cuales pueda al fin alcanzar la salvación. Pero cuando un hombre no tiene ninguna duda de que todo depende de la voluntad de Dios, entonces se desespera por completo de sí mismo y no elige nada para sí mismo, sino que espera que Dios obre; entonces se ha acercado a la gracia.[1]

Lutero entendió, como es evidente a lo largo de sus escritos, que esta desesperación no es una experiencia que ocurre una sola vez, solo en la conversión. El crecimiento cristiano es, entre otras cosas, el crecimiento de reconocer cuán empobrecidos e impotentes somos en nuestra propia fuerza, es decir, cuán vacíos e inútiles son nuestros esfuerzos por crecer espiritualmente en nuestra propia capacidad.

Este capítulo trata de la sana necesidad de desesperarnos de nosotros mismos una y otra vez si queremos crecer en nuestro caminar con Cristo.

La pecaminosidad del pecado

¿Cuál es la condición natural de un ser humano?

Por un lado, resplandecemos en gloria. La imagen de Dios nos inunda de gloria y nos hace completamente diferentes a cualquier otra criatura en el universo. Construimos, creamos arte, amamos, trabajamos. Dominamos este mundo. Es así como Dios lo quiso. Dios puso a Adán en el jardín del Edén «para que lo cultivara y lo cuidara» (Gén. 2:15). Esas dos palabras hebreas denotan labranza y protección, respectivamente. Es por eso que cada ser humano, hecho a imagen de Dios, está en este planeta. Fuimos puestos aquí para desarrollar este mundo, para conquistarlo, para dominarlo.

---

1 Martín Lutero, *The Bondage of the Will*, in *Career of the Reformer III*, en *Luther's Works*, ed. Jaroslav Pelikan y Helmut T. Lehmann, 55 vols. (Filadelfia: Fortress, 1955–1986), 33:61–62.

Pero también estamos arruinados. La antigua rebelión de nuestros antepasados edénicos fluye a través de cada generación, sus trágicas repercusiones infectan todos los aspectos de nuestra existencia. Nuestros cuerpos empiezan a apagarse alrededor de los treinta años en adelante. Las enfermedades y las calamidades naturales nos arrastran a un gran número de nosotros en horrores impredecibles. Lo más insidioso de todo, nuestras mentes y corazones han sido infectados: anhelamos lo prohibido, celebramos la desgracia de los demás, acumulamos en lugar de dar. En resumen, construimos toda nuestra vida alrededor del trono del ser. Romanos 3 captura esto al hablar de cómo el pecado ha infectado cada parte del cuerpo físico (Rom. 3:9-18). Los humanos caídos son fábricas de impureza.

Por un lado, los que confesamos a Cristo con rapidez admitimos la realidad del pecado. Pero lo minimizamos profundamente. «Nadie es perfecto», decimos. «Todos cometemos errores». Pero el problema no es que estamos yendo en la dirección correcta con ciertos errores ocasionales. Estamos corriendo en la dirección equivocada. El mal es el océano, no las islas, de nuestra existencia interna. «El corazón de los hijos de los hombres está lleno de maldad», dice la Biblia, «y hay locura en su corazón toda su vida» (Ecl. 9:3).

La realidad de este mal, lo que la Biblia llama pecado, es en sí misma lo que nos impide reconocerlo. El predicador británico, ya mayor, Martyn Lloyd-Jones explica: «Nunca sentirás que eres un pecador, porque hay un mecanismo en ti como resultado del pecado que siempre te defenderá contra cada acusación. Todos estamos en muy buenos términos con nosotros mismos y siempre podemos presentar una buena defensa para nosotros».[2] Es como si tuviéramos

---

2   Martyn Lloyd-Jones, *Seeking the Face of God: Nine Reflections on the Psalms* (Wheaton, IL: Crossway, 2005), 34.

una enfermedad, uno de sus síntomas es que nos sentimos saludables. Es por eso que la Biblia con frecuencia habla de nuestra pecaminosidad como ceguera (por ejemplo, Isa. 6:10; 42:7; Mat. 15:14; 23:17; Juan 9:40-41; 2 Cor. 4:4; 1 Jn. 2:11; Apoc. 3:17).

Lo que estoy tratando de decir es que la única base segura sobre la cual podemos construir el crecimiento espiritual es la base sólida de la desesperación sobre uno mismo. En la medida en la que minimizamos el mal interior, bajamos el umbral de cuán profundamente podemos crecer. Tomamos un analgésico y nos vamos a dormir cuando creemos que tenemos dolor de cabeza; nos sometemos a quimioterapia cuando sabemos que tenemos un tumor cerebral. La gravedad de nuestra condición dicta la profundidad y seriedad de la medicina que sabemos que necesitamos. Si ves tu pecaminosidad como un dolor de cabeza que incomoda y no como un cáncer letal, verás un crecimiento tibio, si es que existe. No te verás en necesidad de crecer tanto. Pero cuando vemos cuán desesperadamente enfermos estamos y con cuánta profundidad estamos cortos de la gloria para la cual Dios nos destinó, ya hemos dado el primer paso decisivo para acortar ese vasto abismo entre lo que somos y lo que fuimos hechos para ser. «Aprende mucho de tu propio corazón», escribió el pastor escocés Robert Murray McCheyne, «y cuando hayas aprendido todo lo que puedas, recuerda que has visto solo unos pocos metros en un pozo que es insondable».[3]

Pero debemos entender nuestra pecaminosidad de una manera integral. No es solo nuestra inmoralidad la que refleja el mal interior. Incluso nuestra moralidad está llena de maldad. ¿Te parece

---

3 Robert Murray McCheyne, en una carta de 1840, en Andrew A. Bonar, *Memoirs and Remains of the Rev. Robert Murray McCheyne* (Edimburgo: Oliphant, Anderson, and Ferrier, 1892), 293.

que esto es innecesariamente amargo y negativo? Considera tu propia vida. Ese acto de servicio de ayer, ¿fue de hecho, en el fondo, una forma para mostrar una percepción de ti y de tu virtud? ¡No respondas tan rápido! La forma en que saludaste con alegría a los que te rodearon hoy, ¿está, después de una reflexión más profunda, alimentada, en principio, por lo que quieres que otros piensen de ti? ¿No es, como dijo Agustín, vicio vestido de virtud?[4]

Las cartas del Nuevo Testamento como 2 Pedro y Judas fueron escritas básicamente para confrontar el mal de la inmoralidad. Pero cartas como Gálatas y Colosenses fueron escritas para confrontar el mal de la falsa moralidad. Somos tan malvados, de forma natural, que usaremos cualquier cosa al servicio del ser. De hecho, a lo largo de los cuatro Evangelios es evidente que la moralidad, no la inmoralidad, es el mayor obstáculo para la comunión con Jesús. Los necesitados y rechazados fueron atraídos a Jesús, limpiándole los pies con el cabello y dejándolos a todos estar con Él; la élite religiosa cuestionó y dudó y, finalmente, lo mató.

Muere antes de morir

El punto en todo esto es que debemos encontrarnos cara a cara con lo que realmente somos, abandonados en nuestra propia capacidad. La salvación cristiana no es asistencia. Es rescate. El evangelio no toma nuestro bien y nos completa con la ayuda de Dios; el evangelio nos dice que estamos muertos y desvalidos, incapaces de contribuir con nada a nuestro rescate sino con el pecado que lo requiere. La salvación cristiana no está potenciándonos. Nos está resucitando.

---

4   San Agustín, *Ciudad de Dios*, ed. Vernon J. Bourke, trad. Gerald G. Walsh, Demetrius B. Zema, Grace Monahan, y Daniel J. Honan (Garden City, NY: Image, 1958), 19.25.

Lo que hacemos en la conversión y lo que continuamos haciendo diez mil veces después, no es pedirle a Dios que les dé un pequeño impulso desde el cielo a nuestras vidas ordenadas. Lo que hacemos es colapsar. Dejamos que la desesperación de quiénes somos, abandonados a nuestra suerte, nos embargue. En resumen, morimos. Como un personaje lo expresa correctamente en *Mientras no tengamos rostros* de C. S. Lewis: «Muere antes de morir. Después no habrá posibilidad».[5]

La desesperación no es un fin en sí misma, por supuesto. Pero es un elemento vital de la espiritualidad saludable. No se puede pasar por alto. Una razón por la que algunos cristianos permanecen superficiales toda su vida es que no se permiten, a lo largo de sus vidas cada vez con más profundidad, pasar por el doloroso camino de la honestidad sobre quiénes realmente son. Este fue el error de la iglesia en Laodicea. Jesús diagnosticó su error: «Porque dices: "Soy rico, me he enriquecido y de nada tengo necesidad". No sabes que eres un miserable y digno de lástima, y pobre, ciego y desnudo» (Apoc. 3:17).

Podemos cometer el mismo error hoy. Así que participa en la gozosa caída libre de la autodesesperación. No estoy sugiriendo que minimices la gloriosa imagen de Dios que eres. Te sugiero que te permitas mantener a lo largo de todo tu caminar cristiano un recuerdo saludable de cuánto mal reside dentro de ti, incluso como alguien que ha nacido de nuevo. Reconoce tu pecaminosidad. Deja que te humille. Deja que te haga sensato.

Cuídate de llenar tu vida con programas de televisión y llamadas telefónicas que no te permitan detenerte con regularidad y considerar la desastrosa condición de tu vida sin Cristo. *No puedes sentir*

5   C. S. Lewis, *Till We Have Faces: A Myth Retold* (Nueva York: Harcourt, 1956), 279.

con suficiente fuerza el peso de tu pecaminosidad. Nunca conocí a un cristiano profundo que no tuviera un sentido correspondientemente profundo de su propia desolación natural.

El contraste supremo

Nos encontramos cara a cara con nuestra pecaminosidad, no necesariamente al sentarnos y reflexionar, haciendo introspección, meditando en nuestros corazones. Sí necesitamos hacerlo; en el mundo hiperacelerado de hoy, muchos de nosotros nunca nos detenemos y reflexionamos sobre lo que está sucediendo dentro nuestro. Pero la autorreflexión nos lleva solo hasta cierto punto. La oscuridad interior se revela con claridad solo cuando la vemos junto al brillo resplandeciente de Dios mismo. En su cuaderno privado para la reflexión teológica, Jonathan Edwards anotó:

> Si pudiéramos contemplar la fuente infinita de pureza y santidad y pudiéramos ver el fuego infinitamente puro que es y con qué esplendor puro brilla, de modo que los cielos parezcan impuros en comparación con eso; y si luego contempláramos alguna inmundicia infinitamente odiosa y detestable traída y puesta en Su presencia: ¿no sería natural esperar alguna oposición vehementemente inefable ante ella? ¿No sería acaso su carencia indecente e impactante?[6]

Sentimos lo desesperante que es nuestra situación solo cuando se acumula junto a la belleza infinita de Dios mismo. Cuando una pesca extraordinaria hizo que Pedro se diera cuenta de que el que estaba en la barca con él era la santa divinidad encarnada, no le dio

6   Jonathan Edwards, «Miscellany 779», en *The Works of Jonathan Edwards*, vol. 18, *The Miscellanies 501–832*, ed. Ava Chamberlain (New Haven, CT: Yale University Press, 2000), 438.

unas palmadas a Jesús en la espalda y le agradeció por un buen día de pesca. Cayó sobre su rostro. Las palabras de Pedro son paralizantes: «¡Apártate de mí, Señor, pues soy hombre pecador!». (Luc. 5:8).

¿Has experimentado esto? ¿Sabes lo que es verte a ti mismo como vil y vulnerable en presencia de la santidad misma?

No creceremos, no de forma profunda en todo caso, excepto que pasemos por la dolorosa muerte al ser sinceros sobre nuestra propia bancarrota espiritual. Debemos ver y sentir nuestro vacío completo y nuestra rebelión y resistencia innatas en la presencia de un Dios cuya belleza infinita y perfección expone tal pecaminosidad.

El gran requisito previo

Si te sientes estancado y derrotado por patrones antiguos de pecado, aprovecha esa desesperación en el sentido saludable de considerar tu inutilidad, esta es la puerta a través de la cual debes pasar si quieres obtener un impulso espiritual real. Deja que tu vacío te humille. Deja que te *derribe*. No para quedarnos allí, revolcándonos, sino para despojarnos del optimismo simplista que con tanta naturalidad creemos de nosotros mismos.

Llegaremos a las contrapartes positivas de esta muerte en los próximos capítulos. Pero no podemos evitar esta etapa. Es el gran requisito previo para todo lo demás. El patrón de la vida cristiana no es una línea recta hacia la existencia de la resurrección, sino una curva hacia abajo a la muerte y, por lo tanto, hacia la existencia de la resurrección.[7] Uno de los aspectos que esto nos muestra es que vamos por la vida con una comprensión cada vez más profunda de cuán condenables somos realmente. Fue hacia el *final* de su vida

7   Ver Paul E. Miller, *J-Curve: Dying and Rising with Jesus in Everyday Life* (Wheaton, IL: Crossway, 2019).

que Pablo se identificó a sí mismo como el mayor de los pecadores (1 Tim. 1:15). Los octogenarios más piadosos que conozco son aquellos que se sienten más pecadores ahora que en cualquier otro momento de sus vidas. Ellos han conocido el patrón de la auto-desesperación saludable. ¿Quién de nosotros no se identifica con lo que el pastor y escritor de himnos John Newton escribió en una carta de 1776 (a los cincuenta y un años): «La vida de fe parece tan simple y fácil en teoría, que puedo mostrarla a otros en pocas palabras; pero en la práctica es muy difícil y mis avances son tan lentos, que apenas me atrevo a decir que sigo adelante».[8]

¿Has llegado a desesperarte al ver lo que podrías lograr en tu santificación? Si no, sé valiente y mírate de frente en el espejo. Arre-piéntete. Mira tu pobreza profunda. Pídele al Señor que perdone tu arrogancia. A medida que desciendes a la muerte, al comprender la inutilidad del cambio interior que puedes lograr por tus propios esfuerzos, es allí, justo allí, en esa consternación y vacío, *donde Dios está*. Es allí en ese desierto donde le encanta hacer que las aguas fluyan y los árboles florezcan. Tu desesperación es todo lo que necesitas para trabajar. «Solo reconoce tu iniquidad» (Jer. 3:13). Lo que arruinará tu crecimiento es si miras hacia otro lado, si desvías la mirada penetrante de la Pureza misma, si cubres tu pecaminosidad y vacío con sonrisas y bromas y luego te vas a revisar de nuevo tus ahorros en el banco, dejando de lado lo que sabes en lo más pro-fundo de tu corazón: eres malvado.

Si te sumerges solo un poco en la autodesesperación, te elevarás solo un poco hacia el crecimiento gozoso en Cristo. «El indicador que revela la solidez de la fe de un hombre en Cristo», escribe

---

8 *Letters of John Newton* (Edinburgh: Banner of Truth, 2007), 184; de forma similar 212-13, ciertamente este es un tema repetido a lo largo de las cartas de John Newton.

J. I. Packer, «es la autenticidad de la autodesesperación de la que brota».[9] No solo admitas que tu condición está desesperadamente en ruinas. Permítete sentirlo. Reflexiona, sin prisa, sobre lo vil que eres, si quedas librado a tus propios recursos.

Newton capturó con precisión la forma en la que el crecimiento real viene solo *a través de* (no evitando) la desesperación, en su himno de 1779 «Le pedí al Señor que pudiera crecer»:

Le pedí al Señor que pudiera crecer
En la fe, en el amor y en toda gracia;
Que conozca más de Su salvación,
Y busque, con más fervor, Su rostro.

Fue Él quien me enseñó a orar así,
¡Y Él, confío, ha respondido a la oración!
Pero ha sido de tal manera,
Que casi me llevó a la desesperación.

Esperaba que en alguna hora favorecida,
Él respondiera de inmediato a mi petición;
Y por el poder restrictivo de Su amor,
Sometiera mis pecados y me diera descanso.

En lugar de esto, Él me hizo sentir
Los males ocultos de mi corazón;
Y dejó que los poderes furiosos del infierno
Asalten cada parte de mi alma.

Más aún, con Su propia mano parecía
Que tuviera la intención de agravar mi aflicción;

---

9   J. I. Packer, *A Quest for Godliness: The Puritan Vision of the Christian Life* (1990; reimp., Wheaton, IL: Crossway, 2010), 170.

Crucé todos los caminos justos que planeé,
Golpeé mi taza y me derribó.

Señor, ¿por qué pasa esto? Clamé temblando,
¿Perseguirás a Tu gusano hasta la muerte?
«Es de esta manera», respondió el Señor,
«Respondo a la oración por gracia y fe.

»Uso estas pruebas internas,
Del ser y del orgullo, para liberarte;
Y romper tus caminos de gozo terrenal,
Para que así encuentres todo en mí».

Allana el camino para el crecimiento real en Cristo a través de una desesperación profunda, honesta y saludable.

Colapso

Pero una vez que nos hemos desesperado de nuestras capacidades para lograr el crecimiento, ¿entonces qué? Una y otra vez a lo largo de nuestras vidas, incluso hoy, cuando nos enfrentamos una vez más a nuestra pecaminosidad, ¿qué hacemos?

No hay nada noble en permanecer en ese pozo de desesperación. Necesitamos experimentarlo. Pero no estamos destinados a permanecer en él. La desesperación saludable es una intersección, no una carretera; una puerta de entrada, no un camino. Debemos ir allí. Pero no nos atrevamos a quedarnos allí.

La Biblia enseña, más bien, que cada experiencia de desesperación es para fundirnos nuevamente en una comunión más profunda con Jesús. Es como saltar en un trampolín, debemos bajar al vacío que se produce, pero luego dejar que eso nos lleve a nuevas alturas con

Jesús. La Biblia llama a este movimiento de dos pasos arrepentimiento y fe.

El arrepentimiento es apartarse del ser. La fe es volver a Jesús. No puedes tener uno sin el otro. El arrepentimiento que no vuelve a Jesús no es un verdadero arrepentimiento; la fe que no se ha alejado primero del ser no es fe real. Si estamos viajando en la dirección equivocada, las cosas se arreglan a medida que nos alejamos de la dirección equivocada y simultáneamente empezamos a ir en la dirección correcta. Ambos suceden a la vez.

Algunos cristianos piensan que la vida cristiana inicia con un acto decisivo de arrepentimiento y luego se alimenta con la fe a partir de ese momento. Pero como enseñó Lutero, toda la vida es arrepentimiento. La primera tesis de sus noventa y cinco tesis dice: «Cuando nuestro Señor y Maestro Jesucristo dijo: "Arrepiéntanse" (Mat. 4:17), quiso que toda la vida de los creyentes fuera de arrepentimiento». La vida cristiana es un «arrepentimiento constante en nuestro camino hacia adelante».

Igualmente, vivimos toda nuestra vida por fe. Pablo no dijo: «Me convertí por la fe», sino «Vivo por la fe» (Gál. 2:20). No empezamos la vida cristiana tan solo por fe; progresamos por fe. Es nuestra nueva normalidad. Procesamos la vida, navegamos esta existencia mortal, regresando en cada momento a Dios con confianza y esperanza en cada circunstancia, en cada decisión, en cada hora que pasa. Nosotros «por fe andamos, no por vista» (2 Cor. 5:7). Es decir, nos movemos por la vida con los ojos viendo siempre hacia arriba. Nuestra posición es que esperamos ser empoderados desde arriba.

Arrepentimiento y fe. En una palabra: colapso.

Sin embargo, tanto el arrepentimiento como la fe nunca deben verse de forma aislada de Jesús. Son conectores a Cristo. No son «nuestra contribución». Tan solo son los caminos por los cuales llegamos a la verdadera sanidad: Cristo mismo. Como Jack Miller se lo expresó con sabiduría a un joven amigo en una carta de 1983:

Cuando te vuelves a Cristo, no te arrepientes aparte de Cristo, solo tienes a Cristo. Por lo tanto, no busques el arrepentimiento o la fe como tal, sino busca a Cristo. Cuando tienes a Cristo, tienes arrepentimiento y fe. Cuídate de buscar una experiencia de arrepentimiento; solo busca la experiencia de Cristo.

El diablo puede ser bastante engañoso. A él no le importa que pienses mucho en el arrepentimiento y en la fe si no piensas en Jesucristo... Busca a Cristo y relaciónate con Cristo como un Salvador y Señor amoroso que quiere invitarte a conocerlo.[10]

Mientras te desesperas de ti mismo, agonizando por la desolación causada por tus fracasos, tus debilidades, tus insuficiencias, deja que esa desesperación te lleve profundamente a la honestidad contigo mismo. Porque allí encontrarás un amigo, el mismo Señor Jesús viviente, que te asombrará y sorprenderá con Su gentil bondad mientras vas dejando atrás a tu ser, en arrepentimiento, y confíes en Él de nuevo, en fe.

---

10 En Barbara Miller Juliani, *The Heart of a Servant Leader: Letters from Jack Miller* (Phillipsburg, NJ: P&R, 2004), 244–45.

3

Unión

HEMOS AGUDIZADO NUESTRA VISIÓN de quién es Jesús. Hemos entendido que es saludable atravesar de forma continua la auto-desesperación y el derrumbarnos en fe arrepintiéndonos una y otra vez en los brazos de ese Jesús. Pero ¿este Jesús permanece a distancia? ¿Cómo accedemos de verdad a Él? ¿Cuál es la naturaleza de nuestra relación con Él?

El Nuevo Testamento da una respuesta contundente. Los que se derrumban ante Él en arrepentimiento y fe están unidos a Él, son incorporados a Él, son *uno* con Él. Esto, y no la doctrina de la justificación o la reconciliación o la adopción o cualquier otra enseñanza bíblica importante, es el centro de control según el Nuevo Testamento, de lo que significa ser cristiano. El Nuevo Testamento se refiere a nuestra unión con Cristo más de doscientas veces. Eso promedia aproximadamente una mención por página en muchas de las diagramaciones de la Biblia. Si un libro vuelve al mismo tema en cada página, ¿no lo considerarías un punto fundamental que el autor pretende transmitir?

Pero ¿qué tiene esto que ver con nuestro crecimiento espiritual? Todo. El antiguo escritor Jeremiah Burroughs lo expresó de esta manera: «De Cristo como de una fuente, la santificación fluye hacia las almas de los santos; su santificación no proviene tanto de sus luchas, esfuerzos, promesas y resoluciones, sino que fluye hacia ellos de su unión con Él»[1]. Pero no lo tomes de los puritanos. La doctrina de la unión con Cristo es donde la Biblia misma apunta cuando aborda cómo crecen los creyentes. En Romanos 6, Pablo aborda la objeción de por qué el evangelio de la gracia no es una motivación para pecar aún más cuando se incorpora la realidad de la unión de un creyente con Cristo:

> ¿Continuaremos en pecado para que la gracia abunde? ¡De ningún modo! Nosotros, que hemos muerto al pecado, ¿cómo viviremos aún en él? ¿O no saben ustedes que todos los que hemos sido bautizados en Cristo Jesús, hemos sido bautizados en Su muerte? Por tanto, hemos sido sepultados con Él por medio del bautismo para muerte, a fin de que como Cristo resucitó de entre los muertos por la gloria del Padre, así también nosotros andemos en novedad de vida. Porque si hemos sido unidos a Cristo en la semejanza de Su muerte, ciertamente lo seremos también en la semejanza de Su resurrección. (Rom. 6:1-5)

La lógica del texto es esta: sí, más pecado significa más gracia y Su gracia siempre supera nuestro pecado; pero los creyentes, por lo tanto, no pecan aún más, porque Su gracia no es una transacción; sino que, Su gracia viene a nosotros a través de la unión. Cuando Jesús fue a la tumba para morir *por* nuestros pecados, nosotros también fuimos con Él a esa tumba para morir *a* nuestros pecados. ¿Qué le diríamos a un huérfano adoptado que deambula por

---

1   Citado en Ernest F. Kevan, *The Grace of Law: A Study in Puritan Theology* (Grand Rapids, MI: Reformation Heritage, 1997), 236.

la puerta principal de la mansión de su nueva familia y va a la fila para los cupones de alimentos? Le diríamos: «¿Qué estás haciendo? Eso ya no es lo que eres». Encontramos una lógica similar en libros del Nuevo Testamento como Efesios y Colosenses.

En este capítulo consideraremos exactamente qué es la unión con Cristo y cómo esta doctrina alimenta el crecimiento espiritual.

Dios en mí

Básicamente hay cuatro enfoques diferentes en los que los cristianos entienden el crecimiento.[2] Los tres primeros son más o menos comunes en diferentes partes de la iglesia. El cuarto es lo que la Biblia nos enseña. Los llamaremos:

1. Dios, luego yo;
2. Dios, no yo;
3. Dios y yo;
4. Dios en mí.

Para empezar, una mentalidad de «Dios, luego yo» cree que es Dios quien hace todo lo posible para salvarme: me abre los ojos, me regenera, me concede una nueva vida y me da un nuevo inicio en la vida, una pizarra en blanco. Así que depende de mí ocuparme en servirle, mostrarle lo agradecido que estoy por todo lo que ha hecho. Solo la fe me hace entrar, luego el esfuerzo es lo que hace que avance. Después de todo, esta forma de pensar indica que hemos sido habitados por el Espíritu, por lo que deberíamos estar viviendo vidas radicalmente transformadas. El problema con este enfoque es que no explica la presencia continua

---

2   Tomé esta taxonomía cuádruple de Jerry Bridges en algún momento, aunque no recuerdo dónde.

del pecado en la vida del creyente. Tampoco le da espacio al tema bíblico dominante de la continua gracia y misericordia de Dios en la vida del creyente, en el que nos detendremos en un capítulo más adelante.

En segundo lugar, otros entienden el crecimiento como «Dios, no yo». Esto es esencialmente el polo opuesto del primer error. La idea aquí es que Dios me salva y entonces la vida cristiana es un asunto de Dios y solo Dios puede traer algún crecimiento a mi vida. Es la mentalidad de «suéltalo y deja que Dios se haga cargo», la cual trata a nuestro albedrío humano como pasivo, como si solo pudiéramos esperar que Dios actúe sobre nosotros. Mientras que la mentalidad anterior era demasiado optimista sobre lo que los creyentes son capaces de hacer con sus propias fuerzas, esta es demasiado pesimista sobre lo que pueden hacer en Cristo. Mientras que el error anterior enfatizó la responsabilidad humana en la santificación por encima de la soberanía divina, este enfatiza la soberanía divina por encima de la responsabilidad humana. Pero las Escrituras hablan de la santificación como un asunto de soberanía divina así como de responsabilidad humana.

Estamos llamando al tercer enfoque «Dios y yo». Este se está acercando a la verdad. La idea aquí es que el crecimiento cristiano es un esfuerzo de colaboración. Dios hace un poco; yo hago un poco. Trabajamos juntos. Cada parte aporta algo. Si imaginamos cada postura de crecimiento como un círculo, el enfoque «Dios, luego yo» tiene el círculo completamente enfocado en mí, el enfoque de «Dios, no yo» tiene el círculo completamente lleno de Dios y el círculo de «Dios y yo» tiene una línea serpenteante en el medio con casi una mitad llena de Dios y la otra mitad llena de mí.

Pero el enfoque correcto haría que tanto Dios como yo llenáramos completamente el círculo. Los dos agentes están superpuestos. Este cuarto enfoque es «Dios *en mí*». Dios hace todo para salvarme y luego por Su Espíritu Santo (ahondaremos más sobre esto en otro capítulo) me *une* espiritualmente a Su Hijo. El resultado es que en nuestro crecimiento en santidad (como dijo Edwards) «no somos meramente pasivos en ello, no es que Dios hace algo y nosotros hacemos el resto, sino que Dios lo hace todo y nosotros hacemos todo... En diferentes aspectos, somos pasivos y activos por completo».[3] Este enfoque, en otras palabras, mantiene unida tanto la responsabilidad humana como la soberanía divina en la manera en que avanzamos espiritualmente.

La evidencia bíblica

Considera cómo se refiere la Biblia a nuestra vitalidad espiritual. Nota la forma en la que Dios siempre es presentado como el responsable supremo de nuestro crecimiento, pero nunca de una manera que elimina nuestros esfuerzos.

> Pero por la gracia de Dios soy lo que soy, y Su gracia para conmigo[4] no resultó vana. Antes bien he trabajado mucho más que todos ellos, aunque no yo, sino la gracia de Dios en mí. (1 Cor. 15:10)

> Así que, amados míos, tal como siempre han obedecido, no solo en mi presencia, sino ahora mucho más en mi ausencia, ocúpense

---

3 Jonathan Edwards, *Efficacious Grace*, in *The Works of Jonathan Edwards*, vol. 21, *Writings on the Trinity, Grace, and Faith*, ed. Sang Hyun Lee (New Haven, CT: Yale University Press, 2003), 251.

4 Esto podría traducirse de igual manera como «Su gracia *en mí*».

en su salvación con temor y temblor. Porque Dios es quien obra en ustedes tanto el querer como el hacer, para *Su* buena intención. (Fil. 2:12-13)

Con este fin también trabajo, esforzándome según Su poder que obra poderosamente en mí. (Col. 1:29)

Tu crecimiento cristiano es un asunto de gracia divina. No puedes forzar tu crecimiento. Debes ser llevado hacia el crecimiento. Pero la gracia divina que produce el cambio es una gracia divina que alimenta y llena nuestros esfuerzos. Porque estamos *en* el Hijo.

Seguro y protegido

Pero ¿qué significa esto? ¿Qué es estar unido a Cristo? Es cierto que es un concepto difícil de entender. Podemos imaginar a un canguro bebé «en» la bolsa de su madre. Pero ¿en qué sentido estamos «en» Cristo?

Lo primero a tener en cuenta es simplemente la gran intimidad y seguridad de ser un cristiano. Nuestro crecimiento cristiano tiene lugar en la esfera de una maravillosa inevitabilidad, incluso invencibilidad. Estoy unido a Cristo. Nunca podré estar desunido de Él. La lógica de las cartas del Nuevo Testamento es que para que yo pudiera desunirme de Cristo, Cristo mismo tendría que ser «desrresucitado». Tendría que ser expulsado del cielo para que a mí me expulsaran de Él. Así de seguros estamos.

El pastor y teólogo escocés James Stewart (1896-1990) entendió correctamente la centralidad de la doctrina de la unión con Cristo y la explicó con nitidez:

Cristo es el nuevo entorno del hombre redimido. Él ha sido sacado de las restricciones de los dolores de Su suerte terrenal a una realidad totalmente diferente, la realidad de Cristo. Él ha sido trasplantado a un nuevo suelo y a un nuevo clima y tanto el suelo como el clima son Cristo. Su espíritu respira un elemento más noble. Se está moviendo en un plano más elevado.[5]

Si puedes soportar una ilustración irrespetuosa, piensa en ti mismo como una cebolla. La cáscara exterior consiste en los aspectos periféricos sobre ti, las partes de ti que no importan mucho: tu ropa, el auto que conduces, aspectos como estos. Si quitas esa capa, ¿qué sigue? Varios aspectos un poco más esenciales sobre quién eres: la familia en la que te criaste, tu perfil de personalidad, tu tipo de sangre, tu trabajo voluntario. Quita otra capa. La siguiente es más profunda, son tus relaciones: tus amigos más queridos, tus compañeros de cuarto si eres estudiante, tu cónyuge si estás casado. Quita otra más. La siguiente capa más profunda es lo que crees sobre el mundo, las verdades que aprecias en lo profundo de tu corazón: quién crees que es Dios, cuál es tu futuro final, hacia dónde crees que se dirige la historia del mundo. La siguiente capa más profunda después de eso comprende tus pecados y secretos, pasados y presentes, aspectos sobre ti que nadie más sabe.

Sigue quitando capa tras capa, todo lo que te hace ser «tú». ¿Qué encuentras en el núcleo? Que estás unido a Cristo. Esa es la realidad más irreductible sobre ti. Saca todo lo demás y la verdad sólida e inamovible sobre ti es tu unión con un Cristo resucitado.

¿Cómo podría ser de otra forma? Después de todo, tú mismo no diseñaste tu unión con Cristo. Leemos en 2 Timoteo 1:8-9 que «Él nos ha salvado y nos ha llamado con un llamamiento santo,

---

5   James S. Stewart, *A Man in Christ: The Vital Elements of St. Paul's Religion* (Londres: Hodder y Stoughton, 1935), 157.

no según nuestras obras, sino según Su propósito y según la gracia que nos fue dada *en Cristo Jesús* desde la eternidad». No nos despertamos una mañana y nos conectamos a unidosacristo.com y hacemos clic en aceptar. Lo que es cierto con más profundidad en nosotros es que fuimos asegurados *en* Cristo antes de haber oído hablar *de* Cristo. Solo en la seguridad calmada de tu unión con Cristo, eternamente asegurada, puede florecer el verdadero crecimiento.

La dimensión macro

Pero todavía nos preguntamos qué *significa* la unión con Cristo. La respuesta la vemos en el Nuevo Testamento pues usa el lenguaje de la unión con Cristo básicamente de dos formas.[6] Podríamos llamarlas las macro y las micro realidades de la unión con Cristo o lo cósmico y lo íntimo, o lo nacional y lo personal.

La dimensión macro de la unión con Cristo es que Él es tu líder y en la medida que Él avanza, tú avanzas. Su destino es tuyo. ¿Por qué? Porque estás en Él. Eso puede sonar un poco extraño, especialmente para aquellos de nosotros que hoy vivimos en occidente. Pero para la mayoría de las culturas humanas a lo largo de la mayor parte de la historia humana, incluidos los tiempos bíblicos, esta forma de pensar sobre un líder y su pueblo era normal y natural. El nombre formal para eso es «solidaridad corporativa». Si alguna vez has escuchado que se han referido a Cristo como el líder «nacional» de los creyentes, eso es llegar al mismo concepto. La idea es que

---

6   Para profundizar de forma técnica y rigurosa a lo largo del libro, centrándose específicamente en las cartas de Pablo, ver Constantine R. Campbell, *Paul and Union with Christ: An Exegetical and Theological Study* (Grand Rapids, MI: Zondervan, 2015), el cual menciona cuatro significados en los que el Nuevo Testamento trata el tema de la unión con Cristo.

uno representa a muchos y esos muchos están representados por ese uno.

Lo vemos, por ejemplo, en 2 Corintios 5:14, hablando de la obra de Cristo y cómo se conecta con nosotros: «Uno murió por todos, y por consiguiente, todos murieron». Debido a que Cristo murió, y los que están unidos a Él comparten Su destino, nosotros también hemos «muerto». Vemos la misma lógica en Romanos 6: «Sabemos esto, que nuestro viejo hombre fue crucificado con Cristo [...] Hemos muerto con Cristo» (vv. 6, 8).

Entonces, estar en Cristo, bajo el enfoque macro o cósmico o nacional, es que nuestro destino está ligado al Suyo en lugar de al de Adán. En 1 Corintios 15:22 está el resumen de toda la Biblia en una breve frase: «Porque así como en Adán todos mueren, también en Cristo todos serán vivificados». La alternativa a estar en Cristo es estar en Adán. Uno u otro. No hay tercera opción. Cada ser humano vivo hoy está en Adán o en Cristo. Esa es la realidad fundamental que nos define a cada uno de nosotros. Los atletas más famosos, los íconos del momento, aquellos cuyos fanáticos los tratan como dioses, lo que es cierto de ellos, en lo más profundo, es que están en Adán o en Cristo.

Podemos ser aún más específicos. El mensaje del Nuevo Testamento es absolutamente emocionante en este punto y fomenta con profundidad nuestro crecimiento. Al ser transferidos del destino de Adán al destino de Cristo, somos transferidos no simplemente de una *persona* a otra, sino de una *era* a otra. Cuando Jesucristo resucitó de entre los muertos, la era nueva que el Antiguo Testamento había anticipado durante mucho tiempo estalló en silencio en la escena de la historia humana. Estar unido a Cristo como tu nuevo líder nacional es ser llevado a ese nuevo reino. Si eres cristiano, has sido arrastrado por la gracia divina al nuevo orden que los profetas predijeron. La nueva creación ya ha comenzado a surgir. Con frecuencia no se siente así, porque la era caída antigua continúa rodando junto con la era nueva que está surgiendo. Seguimos siendo pecadores caídos. Pero nuestra identidad más elemental, nuestra ubicación intrínseca, está en la era nueva, porque estamos en Cristo. Cristo se sumió a través de la muerte y salió por el otro lado en la nueva creación naciente, y estar «en» Él significa que Él te ha arrastrado con Él. Para traducir 2 Corintios 5:17 en pocas palabras, «Si alguno está en Cristo: nueva creación». En el texto griego no hay verbo. Lo que Pablo está diciendo es que si estás en Cristo, has sido arrastrado al Edén 2.0, la nueva creación que silenciosamente estalló cuando Cristo salió de esa tumba.

Por lo tanto, al considerar tu propia vida desordenada, considera quién eres. Considera de quién eres. Considera que la resurrección de Cristo es la garantía de que también serás resucitado físicamente un día. Considera que ya has sido resucitado espiritualmente (Ef. 2:6; Col. 2:12; 3:1). Cuando pecas, te comportas según lo que eres ahora. Estás actuando como un exhuérfano que ha sido adoptado pero sigue corriendo desde su nuevo hogar a la acera para mendigar pan cuando la cocina está totalmente equipada y es suya por completo. Estás destinado para la gloria.

La dimensión micro

Pero hay una realidad más cercana e íntima a la unión con Cristo y a veces los autores bíblicos hablan de nuestra unión de esta manera. Es difícil saber exactamente cómo expresarlo. La Biblia usa ilustraciones para comunicarlo, tal vez porque esta realidad es mejor compararla que definirla. Se nos dan ilustraciones de una vid y sus ramas o una cabeza y las otras partes del cuerpo o incluso un novio y su novia. En todos los casos hay una unión orgánica, íntima, donde se comparten características, una unidad. La vid da vida a las ramas; la cabeza dirige y cuida las partes de su cuerpo; el esposo «sustenta y cuida» a su esposa como lo hace con su propio cuerpo (Ef. 5:29).

Un pasaje llama la atención en particular. Considera lo que Pablo está diciendo sobre nuestra unión con Cristo en 1 Corintios 6 cuando nos anima hacia la pureza sexual:

El cuerpo no es para la fornicación, sino para el Señor, y el Señor es para el cuerpo. Y Dios, que resucitó al Señor, también nos resucitará a nosotros mediante Su poder. ¿No saben que sus cuerpos son miembros de Cristo? ¿Tomaré, acaso, los miembros de Cristo y los haré miembros de una ramera? ¡De ningún modo! ¿O no saben que el que se une a una ramera es un cuerpo con ella? Porque Él dice: "Los dos vendrán a ser una sola carne". Pero el que se une al Señor, es un espíritu con Él. Huyan de la fornicación. (1 Cor. 6:13-18)

«El Señor» aquí se refiere a Jesús, y «miembros» significa partes del cuerpo. ¿Sigues la lógica de lo que Pablo está diciendo? Su punto es que somos tan «uno» con Cristo que estar unidos a una prostituta es unir a Cristo con una prostituta. Lo digo con cautela y reverencia, pero debo preguntarte sobre lo que el texto está insistiendo: ¿Quieres ser responsable de que Jesús cometa fornicación? Para ti, cometer inmoralidad sexual es, en virtud de tu unión con Cristo, hacer que Cristo, en cierto sentido, haga lo mismo. No quiero decir que realmente podamos hacer que el Cristo resucitado peque de esa manera. Simplemente estoy notando lo que dice el texto: «¿Tomaré, acaso, los miembros de Cristo y los haré miembros de una ramera?». Observa cuán vital, poderosa e íntima debe ser nuestra unión con el Señor Jesús para que Pablo diga lo que dice aquí.

Tu salvación en el evangelio es mucho más profunda, mucho más maravillosa, que caminar por un pasillo u orar una oración o levantar una mano o avanzar en un mitin evangelístico. Tu salvación es estar unido al Cristo mismo que vive. Es, como escribió Scougal, «una unión del alma con Dios, una participación real de la naturaleza divina».[7]

Tal vez esto cree un problema en tu mente. Si cada cristiano está unido al mismo Cristo, ¿qué sucede con nuestra individualidad? ¿Empezaremos todos a parecernos cada vez más unos a otros y perderemos la personalidad individual que nos distingue? La respuesta es que en un nivel, sí, todos empezaremos a parecernos más a Cristo y, por lo tanto, más a los demás, cada uno de nosotros mostrando más amor, gozo, paz, paciencia, benignidad, bondad, fidelidad, mansedumbre y dominio propio (Gál. 5:22-23).

Pero en cuanto a nuestra distinción individual, la gloria de la redención cristiana es que es en unión con Jesús que se nos devuelve nuestro verdadero ser. Finalmente empezamos a convertirnos en quienes realmente fuimos creados para ser. C. S. Lewis ofrece una brillante analogía para dejar claro este punto.[8] Si un grupo de personas siempre ha vivido en la oscuridad y se les dice que se va a encender una luz para que todos puedan verse entre sí, pueden muy bien objetar, creyendo que, dado que una sola lámpara brillará la misma luz sobre todos, todos se verán idénticos

---

7   Henry Scougal, *The Life of God in the Soul of Man* (Fearn, Ross-shire, Escocia: Christian Focus, 1996), 41-42.
8   C. S. Lewis, *Mere Christianity* (1952; reimp., Nueva York: Touchstone, 1996), 189.

entre sí. Pero, por supuesto, sabemos que la luz sacaría a relucir su carácter distintivo individual. La unión con el único Cristo es así. Se te devuelve tu verdadero ser. Te conviertes en el tú que estabas destinado a ser. Recuperas tu destino original. Te das cuenta de que tu existencia fuera de Cristo era una sombra de la realidad para lo que fuiste hecho. Tu personalidad distintiva, tu «yo», tu individualidad humana, estaba en 2D cuando estabas fuera de Cristo, retenido por el pecado y la vergüenza y el miedo y la oscuridad. Ahora que estás en Cristo, estás en 3D, eres libre para florecer. En otras palabras, es solo en la unión con Cristo que puedes crecer hacia lo que Dios quiere que seas.

La doctrina del paraguas

En este punto, puedes estar preguntándote cómo es que la unión con Cristo encaja con las otras ilustraciones grandes y gloriosas de nuestra salvación: la justificación, la adopción, etc. La respuesta es que la unión con Cristo es la doctrina del paraguas, dentro del cual todo beneficio de la salvación es absorbido. Cuando estamos unidos con Cristo obtenemos todos estos beneficios. Juan Calvino empezó su discusión sobre la salvación en las *Instituciones* diciendo: «Debemos entender que mientras Cristo permanezca fuera de nosotros y nosotros estemos separados de Él, todo lo que Él ha sufrido y hecho por la salvación de la raza humana será inútil».[9]

Medita en las formas tan variadas y profundas en las que el Nuevo Testamento habla de nuestro rescate en Cristo. Con cada una he identificado dos textos que enseñan ese aspecto de la salvación y

9 Juan Calvino, *Institutes of the Christian Religion*, ed. John T. McNeill, trad. Ford Lewis Battles (Louisville: Westminster John Knox, 1960), 3.1.1.

luego he colocado entre paréntesis a qué se opone esa bendición (es decir, ese aspecto del que la salvación nos libera).

- Justificación: la metáfora del «tribunal de justicia» (Rom. 5:1; Tito 3:7) (ya no eres condenado).
- Santificación: la metáfora del «culto» (1 Cor. 1:2; 1 Tes. 4:3) (ya no estás contaminado).
- Adopción: la metáfora «familiar» (Rom. 8:15; 1 Jn. 3:1-2) (ya no eres huérfano)
- Reconciliación: la metáfora «relacional» (Rom. 5:1-11; 2 Cor. 5:18-20) (ya no estás distanciado).
- Lavamiento: la metáfora de la «limpieza física» (1 Cor. 6:11; Tito 3:5) (ya no estás sucio).
- Redención: la metáfora del «mercado de esclavos» (Ef. 1:7; Apoc. 14:3-4) (ya no estás esclavizado).
- Compra: la metáfora «financiera» (1 Cor. 6:20; 2 Ped. 2:1) (ya no estás en deuda)
- Liberación: la metáfora del «encarcelamiento» (Gál. 5:1; Apoc. 1:5) (ya no estás encarcelado).
- Nuevo nacimiento: la metáfora de la «generación física» (Juan 3:3-7; 1 Ped. 1:3, 23) (ya no eres inexistente).
- Iluminación: la metáfora de la «luz» (Juan 12:35-36; 2 Cor. 4:4-6) (ya no estás ciego).
- Resurrección: la metáfora «corporal» (Ef. 2:6; Col. 3:1) (ya no estás muerto).

La unión con Cristo, la metáfora «integral» o «de espacio», es la imagen maestra. Si estás en Cristo, obtienes todos estos beneficios. Es todo o nada. Es por eso que Pablo dice que debido a la obra salvadora de Dios «están ustedes en Cristo Jesús, el cual se hizo para nosotros sabiduría de Dios, y justificación, santificación y

redención» (1 Cor. 1:30).[10] El punto es que Él es el paquete completo, el Salvador de alto octanaje y que no tiene debilidades.
Todo lo que necesitas hacer es ir a Él, eso es lo que sucede de forma irreversible en la conversión al entregarte, rendirte, confiar en fe.[11]

Profundizando más

Hemos estado trabajando duro en este capítulo para aclarar lo que la Biblia enseña sobre la unión con Cristo. Pero el objetivo de entender con claridad las verdades de la Biblia es que nuestro consuelo y gozo aumenten a medida que nos aliviamos en la tranquilidad de quién realmente es Dios y quiénes somos nosotros.

A medida que vamos terminando este capítulo sobre la unión con Cristo, quiero pedirles que dejen que su mente y su corazón se adentren profundamente en la realidad de esta verdad. Recuerda que el punto de este libro es que el crecimiento cristiano es un proceso que no se enfoca principalmente en incorporar sino en profundizar. Si estás en Cristo, tienes todo lo que necesitas para crecer. Estás unido a Cristo: por el Espíritu Santo, estás en Él y Él está en ti. Él es tu líder nacional y Él es tu compañero íntimo. *No puedes*

---

10 Incluso la justificación que en el mundo evangélico tiende a estar centralizada por encima de otras realidades salvíficas, tiene lugar solo en Cristo. «Al que no conoció pecado, [Dios] lo hizo pecado por nosotros, para que fuéramos hechos justicia de Dios en Él» (2 Cor. 5:21). En otra parte Pablo habla de querer «ganar a Cristo, y ser hallado en Él, no teniendo mi propia justicia» (Fil. 3:8-9). En ambos textos, el sustantivo «justicia» es la misma raíz utilizada para hablar de justificación.

11 El estudioso alemán del Nuevo Testamento Adolf Deissmann descubrió y mostró, en un estudio seminal, que el elemento más distintivo del cristianismo del Nuevo Testamento es el de la unión del creyente al Dios que adora (Deissmann, *Die neutestamentliche Formel «in Christo Jesu»* [Marburgo: Elwert, 1892]).

perder. Eres inagotablemente rico. Porque eres uno con Cristo y Él es inagotablemente rico, es el heredero del universo. Jonathan Edwards habló de la unión con Cristo de esta forma:

> En virtud de la unión del creyente con Cristo, de hecho él posee todas las cosas. Pero te puedes preguntar, ¿cómo posee todas las cosas? ¿Qué lo hace a él mejor para esto? ¿Cómo es un verdadero cristiano mucho más rico que otras personas?
>
> Para responder a esto te diré a lo que me refiero con «poseer todas las cosas». Quiero decir que Dios, tres en uno, todo lo que es y todo lo que tiene y todo lo que hace, todo lo que ha realizado o ha hecho —el universo entero; cuerpos y espíritus; tierra y cielo; ángeles; humanos y demonios; sol, luna y estrellas; tierra y mar; peces y aves; toda la plata y el oro; reyes y potestades—, todo eso es tanto del cristiano como el dinero que tiene en su bolsillo, como la ropa que usa, como la casa en la que habita o los víveres que come. Sí, adecuadamente suyo, provechosamente suyo, en virtud de la unión con Cristo; porque Cristo, quien ciertamente posee todas las cosas, es completamente suyo: de modo que el cristiano lo posee todo, más de lo que una esposa es para el mejor y más amoroso esposo, más de lo que tu cabeza tiene pero que tu mano no puede llegar a poseer. Todo es suyo.
>
> Cada átomo en el universo es manejado por Cristo para que sea más beneficioso para el cristiano, cada partícula de aire o cada rayo del sol; para que él cuando esté en el otro mundo venga a verlo, se siente y disfrute de toda esta vasta herencia con sorprendente y asombroso gozo.[12]

---

12 Jonathan Edwards, «*Miscellany ff*», in *The Works of Jonathan Edwards*, vol. 13, *The «Miscellanies», A–500*, ed. Thomas A. Schafer (New Haven, CT: Yale University Press, 1994), pág. 183; idioma ligeramente actualizado.

¿Por qué eso es cierto para cualquiera de nosotros? Edwards solo dice: porque estamos unidos con Cristo.

Sumérgete en esta verdad. Deja que te inunde. El Hijo divino, por medio del cual todas las cosas fueron hechas (Col. 1:16), que «sostiene todas las cosas por la palabra de Su poder» (Heb. 1:3), Aquel sin cuyo constante cuidado y guía, toda la realidad molecular se desmoronaría (Col. 1:17), es Aquel con quien has estado unido. No a través de algo que hayas hecho, sino por la pura y poderosa gracia de Dios, has sido envuelto en el soberano que ha triunfado y reina con ternura el cosmos.

Por lo tanto: *nada que no lo toque a Él puede tocarte a ti*. Para llegar a ti, cada dolor, cada ataque, cada decepción tiene que pasar por Él. Estás protegido por un amor invencible. Todo lo que inunda tu vida, no importa cuán difícil sea, viene de y a través del tierno cuidado del amigo de los pecadores. Él mismo siente tu angustia aún más profundamente que tú, porque eres uno con Él; y Él media toda dificultad en tu vida a través de Su amor por ti, porque eres uno con Él. Imagínate parado en un círculo con una pared invisible pero impenetrable que te rodea, una esfera de inexpugnabilidad. Pero no es un círculo en el que estás. Es una persona, *la* persona. Aquel ante quien Juan cayó mientras buscaba las palabras para describir lo que estaba viendo como Uno cuyos «ojos eran como una llama de fuego [...] y Su voz como el ruido de muchas aguas» (Apoc. 1:14-15) ha sido hecho uno contigo. El poder del cielo, el poder que lanzó las galaxias a la existencia, te ha arrastrado hacia sí mismo.

Estás ahí para quedarte. En medio de las tormentas de tu pequeña existencia, los pecados y sufrimientos, el fracaso y la duda, la rebeldía y el vagabundeo, Él te llevará directamente al cielo. Él no está solo contigo. Él está en ti y tú en Él. Su destino ahora cae sobre ti. Su unión contigo tanto a nivel macro como micro garantiza tu eventual gloria, descanso y calma. También puedes preguntarte sobre la seriedad, así como sobre la certeza de lo que tu unión con Él significa para tu futuro final.

Así que considera la oscuridad que permanece en tu vida. El letargo espiritual. El pecado habitual. El resentimiento profundamente arraigado. Ese lugar en tu vida donde te sientes más derrotado. Nuestros pecados son importantes. Parecen tan insuperables. Pero Cristo y tu unión con Él son aún más grandes. Hasta dónde llega el pecado en tu vida, Cristo y tu unión con Él llegan más lejos. Tan profundo como llega tu fracaso, Cristo y tu unión con Él son aún más profundos. Tan fuerte como se siente tu pecado, el vínculo de tu unidad con Jesucristo es aún más fuerte. Vive el resto de tu vida consciente de tu unión con el príncipe del cielo. Descansa en el conocimiento de que tus pecados y fracasos nunca pueden expulsarte de Cristo. Deja que una conciencia cada vez más profunda de tu unión con Él fortalezca tu resistencia al pecado. Míralo en la Biblia. Medita en Su incansable cuidado por ti. Has sido fortalecido con el poder de luchar y vencer el pecado porque el poder que resucitó a Jesús de entre los muertos ahora reside en ti, vivo y activo, porque Jesucristo mismo reside en ti. Nunca más se te puede acusar justificadamente. «Por tanto, ahora no hay condenación para los que están en Cristo Jesús» (Rom. 8:1).

Saca fuerzas de tu unión con Jesús. Ya no estás solo. Ya no estás aislado. Cuando peques, no te rindas. Deja que te recoja y te ponga de pie de nuevo con una dignidad refrescada. Él levanta tu barbilla, te mira a los ojos y define tu existencia: «Ustedes en Mí y Yo en ustedes». (Juan 14:20).

4

Abrazo

EL PROPÓSITO DE LOS TRES PRIMEROS CAPÍTULOS ha sido el poder
sentar las bases: la plenitud de Jesucristo (cap. 1), nuestro vacío
(cap. 2) y nuestra unión con Él (cap. 3). Ahora empezamos a entrar
en la dinámica real por la cual los creyentes cambian. Empezaremos
con el amor de Dios.

Sin embargo, mi primer desafío no es convencerte de que Dios
te ama. Lo sabes. No puedes ser cristiano sin saberlo. Mi primer
desafío es convencerte de que el amor de Dios es incluso más grande
de lo que ahora lo entiendes. Al final del libro de Job, Job dijo:

He sabido de Ti solo de oídas,
      pero ahora mis ojos te ven. (42:5)

Esa es la experiencia en la que muchos de nosotros necesitamos
adentrarnos para volver a crecer en nuestras vidas cristianas. Si estás
estancado, si tu discipulado no está marcado solo por tropiezos ocasionales, sino definido por ellos, necesitas lo que Job experimentó.
Has escuchado hablar del amor divino, pero ahora necesitas verlo
y pasar toda una vida viéndolo cada vez con más profundidad,
cada vez con más amplitud. No solo necesitas escuchar el amor de

Dios para comprenderlo, sino que necesitas verlo; no solo necesitas entenderlo sino saborearlo.

¿Qué es el amor de Dios? Hacer esa pregunta es lo mismo que preguntar: ¿qué es Dios? La Biblia no solo nos dice que «Dios ama», sino también que «Dios es amor» (1 Jn. 4:8, 16). El amor, para el Dios de la Biblia, no es una actividad más entre otras. El amor define quién es Él con más profundidad. La realidad suprema no es un espacio frío, en blanco e interminable. La realidad suprema es una fuente eterna de amor infinito e insaciable. Un amor tan grande y tan libre que no puede ser contenido dentro del gozo estruendoso del Padre, el Hijo y el Espíritu, sino que se derramó para crear y abrazar a los humanos finitos y caídos. El amor divino se extiende, envuelve, abraza y se desborda inherentemente. Si eres cristiano, *Dios te hizo para poder amarte*. Su abrazo hacia ti es el objetivo de tu vida. Sé que no lo sientes. Incluso eso tiene solución. Él quiere que conozcas un amor que es tuyo, incluso cuando te sientes indigno o adormecido.

Lo que quiero decir en este capítulo es que el amor de Dios no es algo para ver una vez y creer y luego avanzar hacia otras verdades o estrategias para crecer en Cristo. Durante toda nuestra vida nos alimentamos del amor de Dios, adentrándonos cada vez con más profundidad en este océano que no tiene fin. Ese alimento, ese caminar, en sí mismo, es lo que fomenta el crecimiento. *Crecemos en Cristo no más de lo que disfrutamos de Su abrazo*; ese abrazo tierno, poderoso e irreversible que está en Su corazón divino.

Tal vez ningún pasaje nos lleva, de la forma tan profunda como lo hace el final de Efesios 3, al amor infinito que Dios tiene por los pecadores caóticos. Deja que Efesios 3 sea un amigo fuerte y gentil que te lleve de la mano a la realidad más estable en el corazón del universo: el amor de Dios y de Cristo.

El amor inescrutable de Cristo

Pablo no hizo las oraciones pequeñas que con frecuencia hacemos. Él oró oraciones del tamaño de Dios. En uno de los pasajes espiritualmente más nucleares de toda la Biblia, ora al Padre

> que Él les conceda a ustedes, conforme a las riquezas de Su gloria, el ser fortalecidos con poder por Su Espíritu en el hombre interior; de manera que Cristo habite por la fe en sus corazones. También ruego que arraigados y cimentados en amor, ustedes sean capaces de comprender con todos los santos cuál es la anchura, la longitud, la altura y la profundidad, y de conocer el amor de Cristo que sobrepasa el conocimiento, para que sean llenos hasta la medida de toda la plenitud de Dios. (Ef. 3:16-19)

Si tuviéramos que orar esa realidad en nuestras vidas y en nuestras iglesias, ¿qué historia estaríamos contando desde el cielo?

¿Por qué está orando Pablo exactamente? No por una mayor obediencia entre los efesios o para que fueran más fructíferos o para que la falsa enseñanza fuera erradicada o para que crecieran en profundidad doctrinal o incluso por la difusión del evangelio. Todo aquello es bueno, aquello es por lo que debemos y tenemos que orar. Pero aquí Pablo ora para que a los efesios se les dé un poder sobrenatural, no poder para hacer milagros o caminar sobre el agua o convertir a sus vecinos, sino tal poder, que es del tipo de poder que solo Dios puede dar, poder para *saber cuánto los ama Jesús*. No solo para tener el amor de Cristo, sino para *conocer* el amor de Cristo.

Al estar leyendo este libro, ¿cuál es el estado de tu alma hoy? Considera tu vida interior; medita en Cristo. ¿Conoces el amor de Cristo? Recuerda, Pablo escribió Efesios a una iglesia. Estaba escribiendo a los creyentes, a las personas que ya habían entendido, de una vez por todas en el momento de la conversión, el amor de Jesús por ellos. Sin embargo, Pablo ora para que conozcan el amor de Cristo. Aparentemente, hay distintas maneras de conocer el amor de Cristo. El versículo 19 dice literalmente «conocer el amor de Cristo que sobrepasa el conocimiento». Pablo está orando para que sepan lo que no se puede saber. Recuerda, «conocer» en la Biblia no es solo cognitivo. Es profundamente relacional. Incluso la intimidad sexual se describe como un hombre «conociendo» a su esposa. Como dijo Jonathan Edwards, puedes «conocer» la miel de dos maneras diferentes: puedes conocer la composición química exacta de la miel o puedes probarla. Ambas son formas en las que podemos «conocer» la miel. Pero solo la última manera es el conocimiento por el cual se experimenta la miel.[1]

Aquí, en Efesios 3, Pablo está orando para que los creyentes prueben el amor de Cristo. Tómalo todo. Como la visión que Job tiene de Dios, de la misma manera Pablo ora para que nuestra aprehensión del amor de Cristo pase del audio al video. Es la diferencia entre mirar una postal de la playa de Hawái y sentarse en esa playa, parpadeando, entrecerrando los ojos, absorbiendo el calor del sol.

Afecto imperturbable

¿Qué es este amor de Cristo?

¿Amabilidad? En definitiva no, este es el Cristo que se tomó el tiempo para hacer un látigo y luego lo usó para expulsar, volteando las mesas, a los que cambiaban dinero en el templo.

---

1 Jonathan Edwards, «*A Divine and Supernatural Light*» en *The Works of Jonathan Edwards*, vol. 17, *Sermons and Discourses, 1730-1733*, ed. Mark Valeri (New Haven, CT: Yale University Press, 1999), 414.

¿Es negarse a juzgar a las personas? De ninguna manera: la Escritura habla de Su juicio como una espada aguda de dos filos que sale de Su boca (Apoc. 1:16; 2:12).

El amor de Cristo es Su estable e imperturbable corazón de afecto por los pecadores y los que sufren, y *solo* por los pecadores y por los que sufren. Cuando Jesús ama, Jesús es Jesús. Él está siendo fiel a Su interior más íntimo. Él no tiene que esforzarse para amar. Él es un río saturado de amor, contenido, listo para brotar ante la más tímida petición que le hagan.

El amor es lo que Jesús es en lo más profundo, de manera natural. El puritano John Bunyan lo expresó de esta manera al hablar del amor de Cristo: «El amor en Él es esencial a Su ser. Dios es amor; Cristo es Dios; por lo tanto, Cristo es amor, *naturalmente amor*. Si dejara de amar, sería lo mismo que si dejara de existir».[2]

Observa lo que dice el texto de Efesios 3. Pablo quiere que los creyentes «comprendan la anchura, la longitud, la altura y la profundidad» (v. 18), pero ¿de qué? No es obvio enseguida. Lo que sí vemos, sin embargo, es que él continúa de inmediato diciendo que quiere que «conozcan el amor de Cristo» (v. 19). Hay un paralelismo entre «comprender» y «conocer»:

• «Comprender [...] cuál es la anchura, la longitud, la altura y la profundidad» (v. 18)
• «Conocer el amor de Cristo que sobrepasa el conocimiento» (v. 19)

Este paralelo nos lleva a concluir que es el mismo amor de Cristo el que es expansivo en su «anchura, longitud, altura y profundidad».

2   John Bunyan, *The Saints' Knowledge of the Love of Christ*, en *The Works of John Bunyan*, ed. George Offer, 3 vols. (reimp., Edimburgo: Banner of Truth, 1991), 2:17; énfasis original.

Esto es sorprendente porque solo otra realidad en el universo es ilimitada, interminable, sin límites: Dios mismo.

Pablo está diciendo que el amor de Cristo es tan expansivo como Dios mismo. Podemos subestimarlo. Siempre lo hacemos. Nunca podremos sobreestimarlo. Jonathan Edwards predicó: «Su esencia es el amor, es como si fuera un océano infinito de amor sin orillas ni fondo, sí, y sin superficie». El amor de Cristo es un amor al lado del cual cada romance humano es el más leve susurro.[3]

Lleno de la plenitud

A medida que este amor de Cristo se vuelve real para nosotros, no solo con lo que aceptamos en papel, sino que es real para nosotros, estamos, según la Biblia, «llenos de toda la plenitud de Dios» (Ef. 3:19). Con la posible excepción de Colosenses 2:9-10: «toda la plenitud de la Deidad reside corporalmente en Él, y ustedes han sido hechos completos en Él», esta es, para mí, la afirmación más asombrosa de la Biblia.

¿Quiénes somos nosotros, débiles, titubeantes, con motivaciones mixtas, para ser llenos de la plenitud de Dios mismo? ¿Cómo se puede llenar la arcilla con la plenitud del alfarero, la planta con la plenitud del jardinero, la casa con la del arquitecto? Qué impresionante condescendencia, qué asombrosa dignificación de nuestra parte.

Sin embargo, esto no es algo que Dios condesciende en hacer, queriendo hacer otra cosa. Llenar a Su pueblo caído con Su propia plenitud es lo que se deleita en hacer. Está en el centro, no en

3 Jonathan Edwards, «*The Terms of Prayer*», en *The works of Jonathan Edwards*, vol. 19, *Sermons and Discourses, 1734-1738*, ed. M. X. Lesser (New Haven, CT: Yale University Press, 2001), 780.

la periferia, de lo que lo levanta de la cama por la mañana, por así decirlo.

¿Y cómo lo hace? ¿Cuál es el medio por el cual nos llena de Su propia plenitud? El texto nos dice: «conocer el amor de Cristo que sobrepasa el conocimiento, para que sean llenos hasta *la medida de* toda la plenitud de Dios». Conocer el amor de Cristo es el medio, y estar lleno de plenitud divina es el propósito.

Al experimentar el amor de Cristo somos impregnados con plenitud divina, llenura, optimismo, gozo, al experimentar el amor de Cristo. No salimos y alcanzamos la plenitud divina sino que la recibimos. Esta es la sorpresa de la vida cristiana. Obtenemos el impulso en nuestras vidas espirituales no específicamente cuando nos esforzamos, sino cuando abrimos nuestras manos. La vida cristiana, en sí, es una vida de esfuerzo y trabajo. Cualquiera que trate de decirte lo contrario es un falso maestro. Pero no podemos recibir lo que Dios tiene para darnos cuando nuestros puños están apretados y nuestros ojos cerrados, concentrados en nuestro propio esfuerzo moral. Necesitamos abrir nuestros puños y nuestros ojos y elevar ambos hacia el cielo para recibir Su amor.

Su corazón estable, nuestros corazones estables

Entonces, lo que quiero decir en este capítulo es que tu crecimiento en Cristo no irá más allá de cuán convencido estás, muy profundo en tu corazón, que Dios te ama. Que Él te ha atraído a la profundidad de Su propio corazón. Su afecto por los suyos nunca disminuye, nunca se agria, nunca se enfría. Él no es alguien a medias. Aquello sobre ti que más te hace estremecerte solo fortalece Su deleite en abrazarte. En tu punto de vergüenza y arrepentimiento más profundo, ahí es donde Cristo te ama más. El viejo puritano

Thomas Goodwin escribió que «Cristo es amor cubierto de carne».[4] Es Su esencia.

El amor divino no es calculador ni cauteloso, como el nuestro. El Dios de la Biblia no tiene límites. Si estamos unidos a Jesucristo, nuestros pecados no hacen que Su amor se vea afectado. Aunque nuestros pecados nos harán más miserables, hacen que Su amor aumente aún más. Cada poema desgarrador, cada historia de rescate, cada novela que evoca anhelos, cada lectura de Tolkien y Wendell Berry y John Donne y miles más que hacen salir las lágrimas, todos son un eco del amor detrás de toda la historia humana. Este amor es el poder que hizo estallar el orden creado a existencia y, aún más increíble, a ti, el pináculo de la creación. Él te creó para amarte. Él te tejió con Sus manos para que pudiera atraerte a Su corazón.

Un día estaremos ante Él, en silencio, sin prisa, abrumados por el alivio y de pie bajo la inundación del afecto divino de una forma que nunca podremos experimentarlo en esta vida. Pero mientras tanto, nuestro salvavidas para sostenernos en este mundo caído es ese mismo amor y el conocimiento de él en nuestro corazón. Conocer este amor es lo que nos atrae hacia Dios en esta vida. Podemos reverenciar Su grandeza, pero eso no nos atrae hacia Él; Su bondad, Su amor, es lo que nos atrae.

En otras palabras, no nos deleitaremos en Dios si no probamos Su amor. Tal vez el teólogo más grande que jamás haya escrito en inglés fue el puritano John Owen. Esto es lo que Owen dice sobre la conexión entre nuestro crecimiento en la gracia y el amor de Dios:

> Cuanto más veamos el amor de Dios, tanto más nos deleitaremos en él y no más. Cualquier otro descubrimiento sobre Dios, sin

---

4   Thomas Goodwin, *The Heart of Christ* (Edimburgo: Banner of Truth, 2011), 61.

esto, hará que el alma se aleje de Él; pero si el corazón se ocupa mucho de esta eminencia del amor del Padre, no puede elegir sino ser dominado, conquistado y querido por Él... Si el amor de un padre no hace que un niño se deleite en él, ¿qué lo hará?[5]

Cuando les digo a mis cinco hijos pequeños que los amo, se encogen de hombros y dicen: «Lo sé, papá». Pero no lo saben. Lo creen, pero apenas lo saben. No puedo abrazarlos lo suficientemente fuerte. No puedo decirlo lo suficientemente alto. No puedo expresarlo con la suficiente frecuencia. Tengo una bendita frustración de no poder comunicarles lo preciosos que son para mí.

Si eso es cierto a nivel humano, de un padre pecador, ¿cómo debe ser el amor de Dios a nivel divino, de un Padre ardientemente santo?

Tendemos a pensar que estamos en peligro de exagerar el amor de Dios por nosotros cuando lo recibimos como Sus hijos. Nos contenemos, no queremos ser demasiado osados, nos aseguramos con cuidado de no exagerar. Pero ¿qué pasaría si mis hijos actuaran así hacia mí, manteniendo mi amor a distancia? Me rompería el corazón.

No rompas el corazón de tu Padre. Acéptalo. Tómalo. Deja que el fuego sagrado de Su amor arda con fuerza en tu alma. Ese es Su deseo profundo.

Experimentando el amor divino

¿Pero cómo? ¿Cómo experimentamos de verdad el amor de Dios? ¿Cómo abrimos las aberturas de nuestros corazones para dejar entrar el amor de Dios?

---

5   John Owen, *Communion with the Triune God*, ed. Kelly M. Kapic y Justin Taylor (Wheaton, IL: Crossway, 2007), 128.

No hay un gran secreto aquí. Los cristianos han estado diciendo lo mismo durante dos mil años. Experimentamos el amor de Dios cuando vemos a Jesús y Dios derrama el Espíritu Santo, quien es Él mismo el amor divino en nuestra experiencia real. Yo digo que el Espíritu Santo es en sí mismo el amor divino porque Tito 3:5-6 dice que Dios derrama el Espíritu sobre nosotros, mientras que Romanos 5:5 dice que Dios derrama (la misma palabra griega) Su amor sobre nosotros. Los dos textos describen la misma experiencia.

Cuando digo «experimenta el amor de Dios», no estoy hablando tan solo de emociones, aunque nuestras emociones sí están involucradas. Estoy hablando de lo que los veteranos llamaban nuestros afectos. Con eso se referían al disfrute interior que siente el corazón, el latido del alma que solo Dios da, la calma gozosa que cubre a quienes lo ven.

Y a medida que vemos con más claridad a la segunda persona de la Trinidad, quién es y qué ha hecho, la tercera persona de la Trinidad crea en nosotros una experiencia de amor divino. Así como el sol da luz y calor, podrías pensar en el Hijo como dando luz y el Espíritu como dando calor. Esta experiencia es la que hace más horrible el pecado ante nuestros ojos y embellece la rectitud. Esta experiencia es la que nos lleva con más profundidad a la comunión con Dios. Esta experiencia es la que desarraiga el pecado.

Vemos esto en un texto como 1 Corintios 2:12: «Nosotros hemos recibido, no el espíritu del mundo, sino el Espíritu que viene de Dios, para que conozcamos lo que Dios nos ha dado gratuitamente». Las palabras en español «nos han dado gratuitamente» traducen una palabra griega y es la forma verbal del sustantivo para «gracia». El trabajo del Espíritu es abrir nuestros ojos a aquello con lo que hemos sido agraciados, es decir, la obra expiatoria de (como el pasaje acaba de identificarlo) «el Señor de gloria» (1 Cor. 2:8),

Jesucristo. O como Jesús mismo dice en Juan 15, el Espíritu «dará testimonio de Mí» (v. 26). Volveremos a esta obra del Espíritu en el capítulo 9, pero debo mencionarla de forma breve aquí a medida que discutimos lo que significa experimentar el amor divino, ya que el Espíritu es el agente por el cual esto ocurre.

Mira a Cristo y ve en Él el amor revelado de Dios. Como dice Owen: «Ejerciten sus pensamientos sobre este mismo tema, el amor eterno, libre y fructífero del Padre y vean si a sus corazones no les provoca deleitarse en Él».[6] Pero ¿dónde podemos ver a Jesús para que el Espíritu Santo se derrame de forma fresca en nuestra experiencia real? Abramos una Biblia. Veamos a Jesús caminando a través de las páginas de los Evangelios, pero más que eso veámoslo caminando a través de las páginas de toda la Biblia, desde Génesis hasta Apocalipsis. Porque toda la Biblia es una historia unida de nuestra necesidad de un Salvador y de la provisión de Dios para uno. Así que abre tu Biblia y consigue buenos libros que te ayuden a entenderla. Pídele a Dios que se te revele cada vez con más profundidad. Pídele al Padre que te lleve con claridad a ver al Hijo y que seas abrigado por el Espíritu.

El famoso evangelista de Chicago D. L. Moody se desanimó en su ministerio durante una visita a la ciudad de Nueva York. Cuando estuvo allí tuvo tal experiencia del amor de Dios que relató que tuvo que pedirle a Dios que detuviera Su mano. Bueno, estarás pensando, ese es un gran cristiano. ¡Ese es Moody! El hombre que llevó a miles a Cristo. ¿Qué hay de mí? ¿Complicado y dudoso? Soy muy desagradable.

La respuesta a ese tipo de pensamientos es que tu conciencia de lo desagradable que eres es precisamente la razón por la que calificas

---

6   Owen, *Communion with the Triune God*, 128.

para experimentar Efesios 3 y el amor infinito de Cristo. Si te consideraras precioso, eso limitaría lo amado que podrías sentirte. Pero el amor, en su propia naturaleza, no depende de la hermosura del amado. Si te sientes precioso, podrías sentirte amado hasta cierto punto, pero no podrías asombrarte de lo amado que eres. Es precisamente nuestro desorden lo que hace que el amor de Cristo sea tan sorprendente, tan asombroso, tan deslumbrante y, por lo tanto, tan transformador.

La naturaleza sorprendente del amor de Dios es sobre lo que Jonathan Edwards estaba reflexionando cuando predicó:

> Los que encuentran a Cristo [descubren que] aunque es una persona tan gloriosa y excelente, sin embargo, lo encuentran listo para recibir criaturas tan pobres, inútiles y odiosas como son, lo cual es inesperado para ellos. Están sorprendidos con eso.
>
> No imaginaron que Cristo era una persona tan amable, una persona de tanta gracia. Oyeron que era un Salvador santo y odiaba el pecado y no imaginaron que estaría tan listo para recibir criaturas tan viles y malvadas como ellos. Pensaron que seguramente nunca estaría dispuesto a aceptar a pecadores tan provocadores, a tales culpables miserables, a aquellos que tenían corazones tan abominables.
>
> Pero he aquí, Él no se retrae ni un poco para recibirlos por eso. De forma inesperada lo encuentran con los brazos abiertos para abrazarlos, listo para olvidar para siempre todos sus pecados como si nunca hubieran existido. Descubren que Él, por así decirlo, corre a su encuentro y los hace más que bienvenidos y los acepta no solo como Sus sirvientes sino también como Sus amigos. Los levanta del polvo y los pone en Su trono; los hace hijos de Dios; les habla paz; Él anima y refresca sus corazones;

Él los admite en una unión determinante consigo mismo y les da el entretenimiento más gozoso y se une a ellos para ser Su amigo para siempre.

Así que están sorprendidos con Su hospitalidad. Nunca imaginaron encontrar a Cristo como una persona con tal clase de amor y gracia como esta. Va más allá de toda imaginación o concepción.[7]

Mira a Jesús. Permítete sorprenderte del libre y constante abrazo que te da. Disfruta de la serenidad del alma que recibes cuando el Espíritu Santo te llena de nuevo.

Obstáculos para conocer Su amor

Sin embargo, a menudo no es tan simple, ¿verdad? Algunos de nosotros, no importa cuánto lo intentemos, no importa cuánta Biblia leamos, encontramos que la experiencia del amor de Dios es inalcanzable.

Algunos de nosotros vemos la evidencia de nuestras vidas, conscientes del dolor que hemos soportado y no sabemos cómo responder excepto con un cinismo frío. *¿El amor de Cristo?*, nos preguntamos. *¿Es esto una broma? Estás viviendo en un mundo de fantasía, Dane. Todo esto suena lindo en la teoría. Pero mira el desastre en mi vida. Sé en el fondo de mi ser que fui creado para ser un palacio magnífico y majestuoso. Pero soy un montón de escombros bombardeados por la forma en la que otros me han tratado, me han perjudicado, me han victimizado. Mi vida desmiente el amor de Cristo.*

---

7   Jonathan Edwards, *Buscando a Cristo*, en *The Works of Jonathan Edwards*, vol. 22, *Sermons y Discourses, 1739–1742*, ed. Harry S. Stout y Nathan O. Hatch, con Kyle P. Farley (New Haven, CT: Yale University Press, 2003), pág. 290; lenguaje ligeramente actualizado.

Si tienes pensamientos como esos al escuchar del amor de Cristo, quiero que sepas que estás viendo la vida de forma equivocada. *Tu* vida no desmiente el amor de Cristo; *Su* vida lo *demuestra*. En el cielo, el eterno Hijo de Dios era el «palacio» magnífico, si se puede decir. Pero se hizo hombre y, en lugar de gobernar con gloriosa autoridad (como uno lo esperaría del Dios hecho hombre) fue rechazado y asesinado. Su propia vida fue reducida a escombros bombardeados.

¿Por qué? Para que Él pudiera atraer a los pecadores a lo más profundo de Su corazón y nunca dejarlos ir, habiendo satisfecho la justa ira del Padre hacia ellos en Su muerte expiatoria.

Tu sufrimiento no te define. El suyo sí. Has soportado el dolor involuntariamente. Él ha soportado el dolor de forma voluntaria, por ti. Tu dolor está destinado a empujarte hacia Él, quien soportó lo que mereces.

Si Jesús mismo estaba dispuesto a descender al sufrimiento del infierno, puedes depositar todo en Su amor a medida que viajas a través de tu propio sufrimiento en tu camino hacia el cielo.

Para otros de ustedes, no es tanto lo que han recibido a manos de otros, sino su propio pecado y necedad lo que les hace dudar del amor de Dios. Eres un seguidor de Jesús y sigues metiendo la pata. Te preguntas cuándo se va a secar la reserva del amor divino.

Te digo lo siguiente: ¿Te das cuenta de cómo Dios trata a Sus hijos que menosprecian Su amor?

Él los ama a todos con más intensidad.

Es quien es. Él es amor. Él es una fuente de afecto. Es incansable e inquebrantable en Su abrazo. En una carta que el pastor escocés William Still escribió a su congregación en 1948, decía: «Dios nunca se cansa de dar. Incluso cuando no somos agradecidos, Él da y da y da de nuevo. A veces, cuando otros lo han entristecido, como pensamos, suponemos que Dios los visitará, los castigará o los tratará con dureza. En cambio, Él revela más muestras de Su amor sobre ellos».[8]

Deja que te ame de nuevo. Levántate del suelo, deja de sentir lástima por ti mismo y permite que Su corazón te sumerja en Su amor oceánico con más profundidad que nunca.

Ya sea que el desastre de tu vida sea obra tuya o de otra persona, tú que estás en Cristo nunca has salido de la catarata del amor divino. Dios tendría que dejar de ser Dios para que ese diluvio se secara. Has silenciado tu experiencia de Su amor. Pero no se puede detener el flujo más de lo que una sola roca puede frenar la Catarata Victoria, de más de un kilómetro y medio de ancho y 892 metros de altura, con esos millones de litros del río Zambeze que se estrellan sobre los acantilados en el sur de Zambia.

Ya sea que lo has ignorado, lo has descuidado, lo has desperdiciado, lo has malentendido o te has endurecido a Él, el Señor Jesucristo se acerca a ti hoy no con los brazos cruzados sino con los brazos abiertos, la misma posición en la que colgó de la cruz y te dice:

Nada de eso importa en este momento. No lo pienses más.

Todo lo que importa ahora somos tú y yo.

Sabes que eres un desastre. Eres un pecador. Toda tu existencia se ha construido a tu alrededor.

Sal de esa tormenta. Deja que tu corazón se abra al gozo.

---

8   William Still, *Letters of William Still: With an Introductory Biographical Sketch*, ed. Sinclair B. Ferguson (Edimburgo: Banner of Truth, 1984), 35.

Fui castigado para que tú no tengas que serlo. Me arrestaron para que pudieras salir libre. Fui acusado para que pudieras ser exonerado. Fui ejecutado para que pudieras ser absuelto.

Todo eso es solo el inicio de mi amor. Eso demostró mi amor, pero no es un punto final; es solo la puerta de entrada a mi amor.

Humíllate lo suficiente como para recibirlo.

Sumerge tu alma reseca en el mar de mi amor. Allí encontrarás el descanso, el alivio, el abrazo y la amistad que tu corazón anhela.

La categoría que envuelve tu vida no es lo que haces, sino el amor de Dios. El sello distintivo que define tu vida no es tu limpieza, sino Su abrazo. El destino más profundo de tu vida es descender cada vez más hondo, con una intensidad calmada pero que cada vez es mayor, al amor infinito de Dios. Crecemos espiritualmente al tener una ventaja en ese proyecto, aquí mismo en esta vida terrenal caída.

5

Absolución

CRECEMOS EN CRISTO EN LA MEDIDA EN LA QUE PROFUNDIZAMOS, y no en la medida en la que avanzamos a partir del veredicto de absolución que nos llevó a Cristo en primer lugar. En algunos sectores de la iglesia se cree que el mensaje del evangelio nos inicia en la vida cristiana y luego pasamos a otras estrategias cuando se trata de crecer en Cristo. Este es un error fundamental. Nunca creceremos de verdad mientras que nos mantengamos en este error. Mi meta en este capítulo es explicar cómo el evangelio no es un hotel de paso, sino un hogar para vivir. No solo es una puerta de entrada a la vida cristiana, sino el camino de la vida cristiana. No es el cable que ayuda al auto a arrancar para empezar la vida cristiana, sino que es el motor que mantiene la vida cristiana en marcha.

Podríamos pensarlo de esta manera: Este es un libro sobre la santificación. ¿Cómo avanzamos espiritualmente? En este libro sobre la santificación, este capítulo es sobre la justificación. La santificación es un crecimiento gradual en la gracia, de por vida. La justificación, sin embargo, no es un proceso sino un evento, un momento en el tiempo, el veredicto de absolución legal entregado de una vez y para siempre. Entonces ¿por qué estamos pensando en la justificación, en un libro sobre la santificación? He aquí por qué: «el proceso de santificación es, en gran parte, alimentado por el retorno constante, cada vez con más profundidad, al evento de la justificación».

Esto puede sonar extraño al principio. ¿No estamos retrocediendo si lo que buscamos es crecer cuando recordamos nuestra justificación inicial? No más que un pasajero en un tren, cuando el guardia le solicita volver a revisar su boleto y, por lo tanto, saca de nuevo el boleto que inicialmente lo puso en el tren. Ese boleto lo subió, pero también es el que lo mantiene en el tren.

Pero seamos más específicos, teniendo en cuenta que el crecimiento en Cristo es un asunto de transformación de adentro hacia afuera, lo que sería opuesto a solo fijarnos en la conducta externa. Podríamos definir el punto de este capítulo en tres oraciones:

1. La justificación ocurre de afuera hacia adentro y la perdemos si la hacemos de adentro hacia afuera.
2. La santificación ocurre de adentro hacia afuera y la perdemos si la hacemos de afuera hacia adentro.
3. La santificación que es de adentro hacia afuera es alimentada en gran medida por la apropiación diaria de la justificación que es de afuera hacia adentro.

Justificación

Primero, la justificación es de afuera hacia adentro y la perdemos si la hacemos de adentro hacia afuera. Me refiero a lo siguiente: la justificación es «de afuera hacia adentro» quiere decir que se nos justifica al recibir una posición justa que viene a nosotros desde afuera. Es extraño y es difícil entender esto al principio. Solo la noción de pensar en la posición de una persona, la evaluación de si alguien es culpable o inocente, depende universalmente de su propio desempeño. Sin embargo, en el evangelio se nos da aquello que los reformadores llamaron una «justicia ajena» porque el expediente de Jesús se nos ha dado. Es aquello a lo que Lutero llamó el «feliz intercambio»: se nos da el expediente justo de Cristo y Él toma nuestro expediente lleno de pecado; según eso somos tratados como inocentes y Cristo es tratado como culpable, llevando nuestro castigo en la cruz. Por lo tanto, somos «justificados», es decir, declarados intachables con respecto a nuestra posición legal. A pesar de ser las partes infractoras, a pesar de no tener cómo sustentar bajo nuestro nombre alguna justificación basada en nuestros propios méritos, somos libres de abandonar la sala del tribunal y nadie puede volver a acusarnos nunca más. Este veredicto justificador es algo que podemos recibir solo reconociendo que no lo merecemos y pidiendo que el registro de Cristo reemplace el nuestro.

Nos resistimos a esto de principio a fin. Aceptar estos asuntos afecta nuestras intuiciones que han sido arraigadas, con más profundidad, sobre la base en la que funciona el mundo. Nos resistimos no solo porque golpea nuestro orgullo, aunque eso es cierto. Sino que con más profundidad parece que se desecha nuestra brújula moral sobre quiénes somos y cómo podemos sentirnos estables en nuestro lugar en el universo. La enseñanza de la Biblia sobre la justificación por la fe se siente como vértigo moral, como si arriba fuese abajo y abajo fuese arriba. Porque se nos dice que dejemos de hacer aquello que es nuestra inclinación habitual: ver hacia adentro para responder a las preguntas: ¿Estoy bien? ¿Importo? ¿Cuál es el veredicto sobre mi vida? ¿Estoy en paz con mi Hacedor?

Los grandes maestros del pasado entendieron cuán contrarios de corazón somos para aceptar totalmente lo asombroso de la justificación. Por lo que, el pastor escocés Robert Murray McCheyne dijo: «Por cada vez que te veas a ti mismo, mira diez veces a Cristo».[1] Es por eso que John Newton dijo que una sola mirada de Cristo «te hará mayor bien que estudiar con detenimiento tus propias heridas durante un mes».[2] Tan solo estaban siguiendo el ejemplo de las Escrituras: «Puestos los ojos en Jesús», como dice Hebreos 12:2. Tendemos a ver hacia adentro para responder a la pregunta más grande del alma: ¿Estoy bien con Dios? No lo preguntamos con tanto descaro, por supuesto. Nos refugiamos en la verdad de la justificación —mayormente—, mientras nuestros corazones encuentran formas sutiles de socavar lo que nuestras mentes confiesan en el papel. Recibimos la verdad de la justificación, pero la fortalecemos con suavidad a través de nuestro desempeño, generalmente sin darnos cuenta de forma consciente de lo que estamos haciendo.

Pero hacer esto —es decir, confirmar en silencio el veredicto de Dios de «no culpable» sobre nosotros, a través de nuestro propio aporte— es hacer que toda la doctrina de la justificación se caiga en pedazos y se vuelva impotente en nuestra vida diaria. Hacer esto es, en términos bíblicos, «reedificar» lo que «destruimos» (Gál. 2:18). «Destruimos» nuestra propia justicia y toda la inutilidad de tratar de establecerla con nuestros propios recursos. ¿Por qué «reedificarla»? Esto sería «hacer nula la gracia de Dios» (Gál. 2:21). Hacer esto es convertir la justificación que es una verdad de afuera hacia adentro, en una verdad de adentro hacia afuera. Pero perdemos por completo la comodidad de la justificación si es vulnerable a cualquier auto fortalecimiento. Debe ser todo o nada.

---

1   En Andrew A. Bonar, *Memoirs and Remains of the Rev. Robert Murray McCheyne* (Edimburgo: Oliphant, Anderson y Ferrier, 1892), 293.
2   *Letters of John Newton* (Edimburgo: Banner of Truth, 2007), 380.

Santificación

Segundo, la santificación es de adentro hacia afuera y la perdemos si la hacemos de afuera hacia adentro.

En otras palabras, nuestro crecimiento en la piedad funciona de forma inversa a la justificación, tanto en cómo funciona como en cómo se arruina. En nuestra justificación, el veredicto de absolución legal debe venir por completo del cielo, descansando sobre nosotros como algo ganado por alguien externo a nosotros, de ninguna manera ayudado por nuestro aporte. Pero eso tiene que ver con nuestra «posición». Ese es el resultado objetivo del evangelio. La santificación, sin embargo, es un cambio con respecto a nuestro «caminar», nuestra santidad personal, el resultado subjetivo del evangelio. Esto debe suceder en el interior.

Así como arruinamos la comodidad de la justificación si la hacemos interna, arruinamos la realidad de la santificación si la hacemos externa. Así como estamos tentados a fortalecer nuestro estado de justificación a través de nuestro aporte interno, así también estamos tentados a fortalecer nuestra santificación a través de reglas externas.

Pero el crecimiento en la piedad no es generado al cumplir con algún código externo, ya sean los Diez Mandamientos o los mandamientos de Jesús o las reglas autoimpuestas o nuestra propia conciencia. Esto no significa que los mandamientos de las Escrituras no tengan valor. Por el contrario, la Escritura es «santa, justa y buena» (Rom. 7:12). Pero los mandamientos de la Biblia son el volante, no el motor, para tu crecimiento. Son vitalmente instructivos, pero no te dan el poder que necesitas para obedecer la instrucción.

Piensa en cómo crecemos físicamente. No le pido a mi hija de seis años, Chloe, que tome su almuerzo y se lo unte por todo el cuerpo. Le digo que se lo coma. La comida necesita entrar en ella, no quedarse afuera. Uno de los grandes errores que ha cometido generación tras generación, a través de la historia de la iglesia, es aplicar reglas sobre nuestro comportamiento y pensar que el comportamiento externo es lo que fomenta o incluso refleja con precisión el crecimiento espiritual vital. Este es el error de los fariseos, que «limpian el *exterior* del vaso y del plato, pero por *dentro* están llenos de robo y de desenfreno» (Mat. 23:25). Ellos «¡son semejantes a sepulcros blanqueados! Por *fuera* lucen hermosos, pero por *dentro* están llenos de huesos de muertos y de toda inmundicia» (Mat. 23:27).

Considera uno de los textos más asombrosos del Nuevo Testamento. Antes de verlo, déjame preguntarte: ¿qué te imaginas cuando escuchas la palabra «piedad»? Estoy casi seguro de que no se parece a la imagen que Pablo detalla en 2 Timoteo de cómo serán las personas en el tiempo entre la primera y la segunda venida de Cristo, donde revela la lista de vicios más larga del Nuevo Testamento:

Los hombres serán amadores de sí mismos, avaros, jactanciosos, soberbios, blasfemos, desobedientes a los padres, ingratos, irreverentes, sin amor, implacables, calumniadores, desenfrenados, salvajes, aborrecedores de lo bueno, traidores, impetuosos, envanecidos, amadores de los placeres en vez de amadores de Dios. (3:2-4)

Esos son dieciocho vicios. La lista abruma mientras crece en su retrato de la maldad.

Pero hay un decimonoveno rasgo en la lista, una última característica de la bancarrota espiritual de la que la iglesia debe tener cuidado: «teniendo la apariencia de piedad, pero habiendo negado su poder» (3:5).

«Teniendo apariencia de piedad». Parece ser que amarse a uno mismo puede verse piadoso. Ser avaro puede verse piadoso. Alguien puede ser jactancioso y soberbio todo el tiempo y presentarse como piadoso. Uno puede ser ingrato, irreverente, sin amor, implacable y para el observador externo parece ser piadoso.

La verdadera santificación, el verdadero crecimiento en santidad, es interno. Se «manifestará» en el exterior; «por el fruto se conoce el árbol» (Mat. 12:33). Pero el árbol crea el fruto; el fruto no crea al árbol. Edward Fisher, en su famoso tratado puritano sobre la santificación, explicó que cumplir de forma externa con las reglas sin una realidad interna que la alimente es similar a regar cada parte de un árbol excepto sus raíces y esperar que crezca. Las realidades internas del cristiano son las que definen el verdadero crecimiento en Cristo.[3]

Santificación por la justificación

En tercer lugar, la santificación de adentro hacia afuera se alimenta en gran medida de apropiarse de forma diaria de la justificación de afuera hacia adentro.

El veredicto de afuera hacia adentro nutre el proceso de adentro hacia afuera. No puedes forzar el camino hacia el cambio. Solo te estarás limitando. Reflexionar sobre la maravilla del evangelio —es decir, que somos justificados tan solo por apartar la mirada de nosotros mismos para fijarla en la obra terminada de Cristo en nuestro nombre— ablanda nuestros corazones. La labor de la santificación

---

3 Edward Fisher, *The Marrow of Modern Divinity* (Pittsburgh: Paxton, 1830), 227 (pt. 1, cap. 3, sec. 8: «Evan: "La verdad es que muchos predicadores se apoyan en la alabanza de alguna virtud moral y arremeten contra algún vicio de los tiempos, más que en insistirle a los hombres para que crean... como si un hombre debiera regar todo el árbol y no la raíz"»).

se calma de forma maravillosa. El evangelio es lo que nos cambia y solo él puede hacerlo, porque el evangelio mismo nos está diciendo lo que es verdad de nosotros antes de que empecemos a cambiar y no importa con cuánta lentitud llegue nuestro cambio. (Al decir esto no pretendo contraer todo lo que dice el evangelio en la categoría de la justificación; el evangelio es más grande que la justificación, e incluye otras doctrinas gloriosas como la adopción, la reconciliación, la redención, y más. Pero la justificación es el borde más agudo del evangelio porque es la doctrina donde la pura gratuidad de la gracia del evangelio se destaca con más claridad).

Intuitivamente pensamos que la forma de crecer es escuchar la exhortación. Eso es normal y natural para la mente humana y la exhortación tiene un lugar importante. La necesitamos. No seremos cristianos maduros si no podemos soportar escuchar los desafíos y mandamientos de las Escrituras. Pero la Biblia enseña que el crecimiento espiritual saludable ocurre solo cuando esos mandamientos están sobre aquellos que saben que son aceptados y están seguros, independientemente del grado en el que guarden con éxito esos mandamientos. Para decirlo de otra forma, en línea con el punto más amplio de todo este libro: crecemos *profundizando* en la justificación que nos perdonó en primer lugar.

Así es como el historiador de la iglesia y teólogo del avivamiento Richard Lovelace lo expresa en su obra clásica sobre la renovación espiritual:

> Mucho de lo que hemos interpretado como un defecto de la santificación en la gente de la iglesia es realmente una consecuencia de la poca influencia que ha tenido en ellos la justificación. Los cristianos que ya no están seguros de que Dios los ama y los acepta en Jesús, fuera de sus logros espirituales actuales, son

personas radical e inconscientemente inseguras, mucho menos seguras que los no cristianos, porque se les hace demasiado evidente los constantes comunicados que reciben de su entorno cristiano como para poder descansar en calma sobre la santidad de Dios y la justicia que se supone que deben tener.[4]

Esta necesidad de volver todo el tiempo a la gratuidad de la doctrina de la justificación debe ser enfatizada porque la caída nos reconfigura para hacer precisamente lo contrario. Nuestros corazones caídos con frecuencia evalúan el estado de nuestra justificación dependiendo de cómo va nuestra santificación. Pero crecemos en Cristo colocando nuestra santificación a la luz de nuestra justificación. Un antiguo pastor inglés, Thomas Adam, quien ministró en una sola iglesia durante cincuenta y ocho años, reflexionó sobre esta verdad en su diario, el cual fue publicado en 1814 después de su muerte y lo llamó «santificación por justificación». Él escribió: «La justificación por la santificación es el camino del hombre al cielo… La santificación por la justificación es el de Dios».[5]

De hecho, muchos pensadores a través de los pasillos de la historia de la iglesia podrían sugerir aquí que han enseñado que avanzaremos en la vida cristiana al *no* ir más allá de la verdad que nos perdonó en primer lugar. Martín Lutero definió la santificación progresiva como «la doctrina de la piedad que es causada por la justificación del corazón».[6] Francis Turretin enseñó que «la justificación en sí misma (que trae la remisión de los pecados) no lleva consigo el permiso o la licencia para pecar (como sostienen los epicúreos), sino que

4   Richard Lovelace, *Dynamics of Spiritual Life: An Evangelical Theology of Renewal* (Downers Grove, IL: InterVarsity Press, 1979), 211–12.

5   Thomas Adam, *Private Thoughts on Religion* (Glasgow: Collins, 1824), 199.

6   En Ewald M. Plass, *What Luther Says: A Practical in-Home Anthology for the Active Christian* (St. Louis: Concordia, 1959), 720.

debe encender el deseo de la piedad y la práctica de la santidad...
Por lo tanto, la justificación está relacionada con la santificación
como el medio para el fin».[7] Thomas Chalmers predicó famosa-
mente: «Cuanto más libre es el evangelio, más santifica el evangelio;
y cuanto más se reciba como doctrina de gracia, más se sentirá como
una doctrina según la piedad».[8] En su obra clásica sobre la unión
con Cristo, James Stewart escribió: «Es el veredicto justificador de
Dios mismo lo que santifica... Es precisamente porque Dios no
espera ninguna garantía, sino que perdona rotundamente... que el
perdón regenera y la justificación santifica».[9] El reformado Herman
Bavinck definió la fe verdadera como

> un conocimiento práctico de la gracia que Dios ha revelado en
> Cristo, una confianza sincera de que Él ha perdonado todos nues-
> tros pecados y nos ha aceptado como Sus hijos. Por esta razón,
> esta fe no solo es necesaria al principio en la justificación, sino
> que también debe acompañar al cristiano a lo largo de toda la
> vida y debe desempeñar un papel permanente e insustituible en
> la santificación.[10]

El teólogo holandés G. C. Berkouwer argumenta repetidamente
a lo largo de su estudio de la santificación que «el corazón de la
santificación es la vida que se alimenta de [...] la justificación».[11]

7   Francis Turretin, *Institutes of Elenctic Theology,* ed. James T. Dennison, trad. George Mus-
    grave Giger, 3 vols. (Phillipsburg, NJ: P&R, 1992–1997), 2:692-93.

8   Thomas Chalmers, «The Expulsive Power of a New Affection», en *Sermons and Discourses,*
    2 vols. (Nueva York: Robert Carter, 1844), 2:277.

9   James S. Stewart, *A Man in Christ: The Vital Elements of St. Paul's Religion* (Nueva York:
    Harper & Row, 1935), 258-60.

10 Herman Bavinck, *Reformed Dogmatics, vol. 2, God and Creation,* ed. John Bolt, trad. John
    Vriend (Grand Rapids, MI: Baker, 2004), 257.

11 G. C. Berkouwer, *Faith and Sanctification,* trad. John Vriend, Estudios en Dogmática
    (Grand Rapids, MI: Eerdmans, 1952), 93.

De igual forma podríamos ir a las grandes confesiones reformadas para encontrar una nota similar. La Confesión Belga afirma que «lejos de hacer que las personas sean frías para vivir de una manera piadosa y santa, esta fe justificadora, por el contrario, obra dentro de ellos de tal manera que aparte de ella nunca harán nada por amor a Dios, sino solo por amor a sí mismos y por temor a ser condenados» (artículo 24). Los cánones de Dort hablan de la forma en la que Dios preserva a Su pueblo: «Así como a Dios le ha gustado empezar esta obra de gracia en nosotros por la proclamación del evangelio, así Él preserva, continúa y completa Su obra escuchando y leyendo el evangelio, meditando en él» (5.14).

Sin embargo, el juez final en todo esto no es ninguna figura histórica o algún credo, sino las Escrituras. El ejemplo más sorprendente de cómo la gratuidad de nuestra salvación misma nos transforma está en Gálatas 2.

Justificación y temor

¿Cuál es la lógica interna por la cual un veredicto de absolución nos cambia de adentro hacia afuera? El texto dice así:

> Pero cuando Pedro vino a Antioquía, me opuse a él cara a cara, porque él era digno de ser censurado. Porque antes de venir algunos de parte de Jacobo, él comía con los gentiles, pero cuando aquellos vinieron, Pedro empezó a retraerse y apartarse, porque temía a los de la circuncisión. Y el resto de los judíos se le unió en su hipocresía, de tal manera que aun Bernabé fue arrastrado por la hipocresía de ellos. Pero cuando vi que no andaban con rectitud en cuanto a la verdad del evangelio, dije a Pedro delante de todos: «Si tú, siendo judío, vives como los gentiles y no como los judíos, ¿por qué obligas a los gentiles a vivir como judíos?

Nosotros somos judíos de nacimiento y no pecadores de entre los gentiles. Sin embargo, sabiendo que el hombre no es justificado por las obras de la ley, sino mediante la fe en Cristo Jesús, también nosotros hemos creído en Cristo Jesús, para que seamos justificados por la fe en Cristo, y no por las obras de la ley. Puesto que por las obras de la ley nadie será justificado». (Gál. 2:11-16)

Se podría extraer mucho de este fascinante intercambio entre Pablo y Pedro. Solo quiero hacer una observación. ¿Por qué Pablo abordaría un conflicto interno de la iglesia con la doctrina de la justificación?

Tendemos a pensar en la justificación por la fe como una verdad clave para entrar *en* la vida cristiana. ¿Por qué Pablo buscó en su caja de herramientas teológicas y sacó esta doctrina para solucionar un problema entre aquellos que ya eran creyentes? Aquí tenemos a Pablo, un creyente, escribiendo a los gálatas, que eran creyentes, sobre un episodio que involucra a Pedro, un creyente, que se alejó de los creyentes gentiles cuando llegaron los creyentes judíos del grupo de Santiago. Es aquí, en este conflicto interno de la iglesia, no en un discurso evangelístico en Hechos, que tenemos el versículo más famoso de la Biblia sobre la justificación por la fe (Gál. 2:16).

¿Por qué justificación? ¿Por qué Pablo no habló de santificación? ¿O del Espíritu Santo? ¿O de la necesidad del amor?

¿Por qué dijo Pablo que Pedro y Bernabé se apartaron de los cristianos gentiles y que eso fue una conducta «que no andaba con rectitud en cuanto a la verdad del evangelio» (v. 14)? ¿Por qué Pablo no dijo que ellos «no andaban por el Espíritu» o que su «conducta no estaba en sintonía con el crecimiento que debían estar cultivando»? Y este no fue un episodio aislado en la Biblia. En todo el Nuevo Testamento, los apóstoles trajeron el evangelio para influir en la vida de los creyentes. Pablo les dijo a los cristianos romanos: «Ansioso estoy de anunciar el evangelio» (Rom. 1:15); exhortó a los creyentes colosenses a vivir «sin moverse de la esperanza del evangelio» (Col. 1:23); y les recordó a los creyentes corintios que debían «estar firmes» y «retener» el evangelio (1 Cor. 15:1-2). Aparentemente, los apóstoles consideraban que el evangelio no era una vacuna de una sola vez que nos salvaba del infierno, sino comida para nutrirnos hasta el cielo.

La clave para entender lo que estaba sucediendo entre los gálatas la encontramos al final de Gálatas 2:12: «temía a los de la circuncisión». La dinámica en el trabajo cuando los creyentes del grupo de Santiago aparecieron de Jerusalén, y Pedro y Bernabé dejaron de almorzar con los creyentes no judíos —la realidad que se cocinaba a fuego lento debajo de las acciones de Pedro— era el temor.

¿Temor a qué? No a la persecución. Recuerda, todos los presentes eran seguidores de Cristo. Dado el recorrido de todo el libro de Gálatas, Pedro debe haber tenido temor de perder lo mismo que Pablo dijo que no tenía temor de perder en el capítulo 1: «Porque ¿busco ahora el favor de los hombres o el de Dios? ¿O me esfuerzo por agradar a los hombres? Si yo todavía estuviera tratando de agradar a los hombres, no sería siervo de Cristo» (1:10). Pedro temía perder la aprobación de la gente.

Eso fue un defecto con respecto a su continuo crecimiento en la gracia. Pedro había sido un seguidor de Cristo por muchos años. El suyo era un problema de santificación. Sin embargo, Pablo trajo la justificación para tratar de eso. Clavó la herida de Pedro con la doctrina quirúrgica de la justificación por la fe. Pablo fue a la raíz.

Pablo identificó la conducta de Pedro como una que no está en rectitud con la verdad del evangelio (2:14) y en violación de la doctrina de la justificación por la fe (2:16) porque *Pedro había permitido que la aprobación de las personas erosionara su comprensión de la aprobación que el evangelio da y el estado establecido que proporciona la justificación.*

En la conversión entendemos el evangelio por primera vez y sentimos el inmenso alivio de ser perdonados de nuestros pecados y se nos concede un nuevo estatus en la familia de Dios. Aprendemos por primera vez que somos legalmente absueltos, inocentes, libres para abandonar la sala del tribunal. Pero incluso para los cristianos, quedan regiones dentro que continúan resistiendo la gracia del evangelio sin que nos demos cuenta. Un aspecto vital de crecer en Cristo es volver una y otra vez a la doctrina de la justificación para hacer quimioterapia en las neoplasias malignas restantes de nuestro anhelo de aprobación humana. Para decirlo de otra manera, en la conversión *salimos* de la sala del tribunal, pero a lo largo de nuestras vidas de discipulado sufrimos de amnesia evangélica y seguimos caminando de *regreso* a ella.

En agosto de 2013, un periódico nigeriano publicó una historia que contenía un relato de lo que todos tendemos a hacer:

Un recluso causó una leve farsa en el Tribunal Superior de Owerri después de que un juez lo absolviera de todos los cargos en su contra, pero se negó y exigió volver a prisión. En lugar del júbilo habitual que sigue a cualquier decisión de «liberado y absuelto», aquel recluso se dirigió directamente a la prisión, solo para ser interceptado por un guardia de la prisión que le recordó que era libre de irse a casa. Para disgusto de los testigos presentes, dijo que no iba a ninguna parte, exigiendo que se le permitiera volver a entrar en la prisión.

Lo que parecía un leve drama se volvió absurdo cuando la calma de las instalaciones del tribunal fue quebrada por los gritos y súplicas del prisionero liberado quien pedía que se le permitiera volver a prisión, a la vez que se agitaba y luchaba con varios funcionarios de la prisión. Según testigos presentes, se necesitó el esfuerzo de más de seis funcionarios penitenciarios, trabajadores judiciales y policías para sacar al recluso liberado de las instalaciones del tribunal.[12]

Esa es una imagen de todos nosotros. Somos liberados, pero encontramos formas sutiles de regresar a la prisión de la posición autoestablecida ante Dios en la sala del tribunal divino. Los cristianos sanos se disciplinan a sí mismos para nunca dejar de presionar «actualizar» en la URL de su estado establecido, el veredicto de la absolución final. Hemos sido «aprobados por Dios» (1 Tes. 2:4).

¿Nos damos cuenta de por qué nuestros estados de ánimo son dictaminados con frecuencia por la forma en que las personas nos responden? ¿Por qué nos preocupamos tanto por nuestras calificaciones en la escuela, o nuestras revisiones de trabajo donde laboramos, o lo que nuestros padres pensarán de nuestro hogar o de nuestros hijos? ¿Por qué hay esa ansiedad generalizada y de combustión lenta, cocinándose dentro nuestro cada vez que estamos en reuniones sociales? Puede haber factores psicológicos o incluso fisiológicos que estén en juego para algunos de nosotros, lo entiendo, por lo que, no debemos ser simplistas aquí. Pero con frecuencia el problema de raíz es que nos hemos permitido alejarnos de forma imperceptible de una comprensión del corazón de la doctrina de la justificación. El temor ha aumentado en nuestro horizonte mental en la medida en la que Gálatas 2:16 se ha desvanecido. Necesitamos darnos cuenta

---

12 Ver «Home Is Where the Heart Is: Freed Inmate Refused to Leave Prison», 360nobs, 19 de julio de 2013, http://360nobs.blogspot.com/2013/07/home-is-where-heart-is-freed-inmate.html.

de que el evangelio no es solo la puerta a la vida cristiana, sino también la sala de estar de la vida cristiana. La justificación no es una bujía que enciende la vida cristiana, sino un motor que la impulsa a lo largo del camino. Pocos de nosotros testificaríamos que hemos sido tentados a comer según las regulaciones dietéticas judías *kosher*, pero todos los que conocemos nuestros propios corazones sabemos exactamente lo que Pedro estaba sintiendo al querer retener la aprobación de los demás y en su temor de perderla.

Lo que todos tendemos a hacer es caminar por la vida acumulando el entendimiento de quiénes somos y a ello le sumamos lo que creemos que todos los demás piensan de nosotros. Caminamos construyendo un entendimiento de nosotros mismos a través de todos los comentarios que recibimos. Ni siquiera nos damos cuenta de lo que estamos haciendo. Incluso cuando otros son críticos o nos desprecian o nos ignoran o nos ridiculizan, eso construye la comprensión que tenemos de quiénes somos. Inevitablemente nos da forma. Es por eso que debemos levantar constantemente el evangelio ante nuestros ojos y a medida que el evangelio se vuelve «real» para nosotros, la necesidad de aprobación humana pierde el control de estar sujeta en nuestros corazones, porque ya no ponemos nuestras cabezas sobre la almohada por la noche queriendo sanar nuestro sentido de valía con la aprobación humana. La doctrina de la justificación nos libera no solo del juicio de Dios en el futuro, sino también del juicio de las personas en el presente.

Entonces, lo que estoy tratando de decir en este capítulo sobre la «absolución» es que si anhelamos crecer en Cristo, no hagamos lo que se nos hace tan natural, en otras palabras, *decir* que creemos que el veredicto sobre nuestras vidas se establece de forma decisiva en nuestro estado justificado ante Dios, pero luego pasamos a otras ideas y estrategias cuando se trata de nuestras vidas emocionales y presiones diarias. Porque si lo hacemos, encontraremos nuestras vidas plagadas de temor. Estaremos paralizados por ansiedades, porque tendremos miedo de que nuestro dios funcional nos condene, no nos justifique, si fallamos. Tenemos miedo de no tener éxito en un trabajo o de no impresionar a alguien que respetamos o de arruinar una cita o fallar en la prueba o no aprovechar la oportunidad. Fantaseamos con tener éxito en esas situaciones de la vida real y tenemos pesadillas sobre el fracaso. ¿Por qué? Porque tratamos el evangelio como el motor de arranque, pero no como la realidad sustentadora de nuestra vida interior. No estamos caminando «con rectitud en cuanto a la verdad del evangelio». No hemos permitido que la naturaleza radiactiva de la doctrina de la justificación por la fe destruya nuestra necesidad maligna de aprobación humana. Considerando nuestra insuficiencia es que establecemos nuestra carrera, nuestras relaciones, nuestros estudios, nuestra oratoria, nuestras habilidades atléticas, como dioses funcionales de quienes estamos buscando justificación, para *saber que estamos bien.*

Pero ¿y si entramos a la entrevista, a la conversación, al aula de clases, al juego, ya estando bien? Estando justificados. No solo a nivel teológico sino también emocional, no solo en nuestra mente sino en nuestras entrañas. Revolucionaríamos el mundo. Un antiguo teólogo presbiteriano, J. Gresham Machen, lo expresó de forma conmovedora en 1925.

No me avergüenzo en lo absoluto de hablar, incluso en este día y generación, de «la doctrina de la justificación por la fe». Sin embargo, no debe suponerse que esa doctrina es algo incomprensible. Por el contrario, es [...] instintiva con la vida. Es una respuesta a la pregunta personal más grande jamás formulada por el alma humana, la pregunta: «¿Cómo puedo estar bien con

Dios, cómo estoy ante los ojos de Dios, estoy siendo aprobado por Él?».

Hay quienes, hay que admitirlo, nunca plantean esa pregunta; hay quienes se preocupan por la pregunta de su posición ante los hombres, pero nunca por la pregunta de su posición ante Dios; hay quienes están interesados en lo que «la gente dice», pero no les preocupa la pregunta de lo que Dios dice. Tales hombres, sin embargo, no son los que mueven el mundo; son aptos para ir con la corriente; son aptos para hacer lo que otros hacen; no son los héroes que cambian los destinos de la raza.[13]

Justificación e idolatría

De lo que realmente hemos estado hablando es de idolatría, que es la otra cara de la moneda de la justificación por la fe. La aprobación humana es un ídolo común, pero buscamos en muchos pseudo-dioses ese veredicto final para saber que estamos bien y que importamos, para obtener ese suspiro esquivo del alma. Las preguntas de diagnóstico para exponer a nuestros ídolos son preguntas como:

- ¿Adónde tiende a volver mi mente cuando estoy despierto en la cama?
- ¿En qué gasto el dinero que tengo disponible?
- ¿Qué tiendo a envidiar en otras personas?
- ¿Qué es aquello que, si Dios se me apareciera hoy y me dijera que nunca lo tendría, haría que sintiera que la vida no vale la pena vivirla?
- Si estoy casado, ¿qué es aquello a lo que tiendo a entregarme que hace que mi cónyuge se sienta descuidado?

13 J. Gresham Machen, *¿Qué es la fe?* (reimp., Grand Rapids, MI: Eerdmans, 1979), 163.

- ¿Cómo expresaría mi corazón —no mi teología, sino mi corazón— el himno: «Con paz como un río [...]. Está bien con mi alma»?
- ¿Qué es aquello por lo que me encuentro orando que no está prometido en ninguna parte de la Biblia?

De ninguna manera las respuestas a estas preguntas revelan necesariamente ídolos en nuestros corazones. Pero están hechas para ayudar a sacar a la superficie lo que puede estar compitiendo por la lealtad más profunda de nuestros corazones, desplazando silenciosamente a Cristo y el consuelo integral del evangelio. La idolatría es la locura de pedirle a un regalo que sea un dador.

A este punto quiero llegar: «Estas son preguntas de justificación». La idolatría es tan solo una pseudojustificación. Es pedirle a una cosa creada en lugar del Creador que emita un veredicto sobre mí. Pensamos: «en la medida que consiga eso, entonces habré llegado; entonces podré hacer cualquier cosa». El problema es que, a diferencia del evangelio, los ídolos incentivan una picazón inagotable. Mientras más nos rascamos, más se extiende la picazón. Perseguir al ídolo hace que el ídolo siga moviéndose un poco más lejos de nuestro alcance. En ese extraño momento en el que hemos alcanzado el ídolo que hemos anhelado, nos sorprenderemos de lo vacío y hueco que es. Todas las pseudojustificaciones fraudulentas de este mundo son brillantes en el exterior, pero solo traen miseria cuando se logran. Son como anzuelos con carnada: cuando se muerden, solo traen dolor.

Cualquier persona remotamente en contacto con la realidad, camina por esta tierra agudamente consciente de la profunda insuficiencia en su interior, con la sensación de no estar a la altura. Adormecemos esa profunda y persistente sensación de insuficiencia a través de la cuenta bancaria abultada, el rostro perfecto, el cuerpo esculpido, el número de seguidores en las redes sociales, la reputación, la bella esposa, los amigos famosos, el sentido del humor, la apariencia de inteligencia, la maniobra política y la superioridad, las proezas sexuales o incluso el currículum moral ejemplar. Sentimos nuestra desnudez y buscamos ser «cubiertos» por estos logros. Buscamos ser «justificados» por estas cosas. Así como los gálatas afirmaron a Cristo como su Salvador, pero creyeron que la circuncisión era una mejora de la justificación y, por lo tanto, vaciaron el evangelio de su poder, así reclamamos a Cristo como nuestro Salvador, pero creemos en nuestro ídolo favorito y, por lo tanto, vaciamos el evangelio de su poder.

Cada ídolo es hecho por el hombre. Toda falsa justificación es generada por nosotros. Pero Dios mismo ha venido a nosotros con una justificación que Él ha hecho. Es el veredicto expiatorio de Jesucristo. Solo podemos recibirlo. Añadirle es, por lo tanto, restarle. Tan solo lo respiramos con un corazón que tiene una fe que confía. Por lo tanto Dios nos justifica, Dios mismo. Nuestra bondad, nuestro expediente, nuestra identidad, nuestra importancia ya no están en nuestras manos, ni siquiera un poco.

Fue Martín Lutero quien me abrió los ojos a esto. Más de una vez a lo largo de sus escritos señala que el primero de los Diez Mandamientos es la prohibición de la idolatría: «No tendrás otros dioses delante de Mí» (Ex. 20:3). Lutero explica que el primer mandamiento es en esencia un llamado a la justificación por la fe; es decir, la justificación por parte de Dios. En un sentido negativo, debemos evitar la idolatría. En un sentido positivo, debemos confiar en Dios. Un ídolo, después de todo, no es tan solo algo a lo que adoramos, sino que, en más profundidad es en lo que «confiamos» (Sal. 115:4-8). Por consiguiente, no estaríamos quebrantando los mandamientos del 2-10 sin quebrantar al mismo tiempo el primer mandamiento. Cometer adulterio es quebrantar los mandamientos 1 y 7, porque es hacer del sexo un ídolo en el que confiamos para llenarnos y completarnos. No estamos dejando nuestra existencia, nuestra justificación, en las manos de Dios. Robar es violar los mandamientos 1 y 8, porque no estamos descansando en la provisión de Dios para las finanzas. No estamos ejerciendo fe solo en Él y así sucesivamente.[14] Vive tu vida en la plenitud de una existencia justificada. Honra el primer mandamiento. No seas un idólatra. Deja que Jesucristo te vista, te dignifique, te justifique. Nada más puede hacerlo.

Tres retratos finales

Todo lo que he dicho en este capítulo ha sido bastante teórico. Así que me gustaría terminar mostrando cómo la verdad que hemos estado explorando aquí fue experimentada de una manera muy personal por tres figuras de la historia: Martín Lutero (1483-1546), C. S. Lewis (1898-1963) y Francis Schaeffer (1912-1984).

Ya he mencionado a Lutero varias veces en este capítulo y puedes saltar a cualquier lugar de sus escritos, empezar a leer y en poco tiempo encontrarlo ensalzando el consuelo del evangelio, especialmente la justificación, como ingrediente vital para la vida y el crecimiento del cristiano. Lutero había pasado algunos de sus primeros años como monje, orando y haciendo trabajos serviles y buscando la simplicidad, anhelando limpiar su conciencia mientras limpiaba los pisos del monasterio. No pudo. Nadie puede. La conciencia es inaprensible a menos que se produzca el veredicto de la absolución

---

14 Martín Lutero, «A Treatise on Good Works», en *The Christian in Society I*, en *Luther's Works*, ed. Jaroslav Pelikan y Helmut T. Lehmann, 55 vols. (Filadelfia: Fortress, 1955–1986), 44:30–34.

total sobre la base de la obra terminada de Cristo recibida a través de las manos hambrientas y vacías de la fe, aparte de cualquier contribución humana.

Mientras Lutero estudiaba el Nuevo Testamento sucedió que el evangelio se abrió para él. Lutero entendió la poderosa inclinación natural del corazón humano hacia la justicia por obras. Llegó a ver con particular perspicacia que todas las personas están llenas de un comportamiento automático que busca fortalecer el favor de Dios a través de su desempeño y que, por lo tanto, no es solo nuestra maldad la que necesita arrepentirse, sino también nuestra bondad. Él vio esta insistencia sutil pero profunda en contribuir a nuestra posición ante Dios como algo en desacuerdo con su Biblia, aunque arraigado en sí mismo y respaldado por la Iglesia Católica Romana.

Predicando sobre Juan 14:6, por ejemplo («Yo soy el camino»), Lutero dijo:

> Cristo no es solo el camino en el que debemos comenzar nuestro viaje, sino que también es el camino correcto y seguro que debemos caminar hasta el final. No nos atrevamos a desviarnos de esto... Aquí Cristo quiso decir: «Cuando me has aprehendido con fe, estás en el camino correcto, que es confiable. Pero solo asegúrate de que permanezcas y continúes en él». Cristo quiere arrancar y apartar nuestros corazones de todo aquello donde hayamos puesto nuestra confianza y que nos fijemos solo en Él.[15]

Pero en su comentario sobre Gálatas, Lutero especialmente vio y enseñó esta necesidad de permanecer fijo en la gratuidad del evangelio durante toda nuestra vida. En un comentario representativo sobre Gálatas 1:6: «Me maravillo de que tan pronto ustedes

---

15 Martín Lutero, *Sermons on the Gospel of St. John 14-16*, en *Luther's Works*, 24:47–48, 50.

hayan abandonado a Aquel que los llamó por la gracia de Cristo, para *seguir* un evangelio diferente», Lutero dijo:

El asunto de la justificación es frágil, no en sí mismo, porque es más que seguro y cierto, sino con respecto a nosotros, dentro de nosotros. Yo mismo he experimentado esto, porque a veces lucho en horas de oscuridad. Sé cuántas veces pierdo de repente los rayos del evangelio y la gracia. Es como si espesas nubes oscuras me lo oscureciesen. Así que sé sobre el lugar resbaladizo en el que nos encontramos, incluso si tenemos experiencia y parecemos estar seguros en los asuntos de la fe… Por lo tanto, que cada persona fiel trabaje duro para aprender y retener esta doctrina y con ese fin, oremos humilde y sinceramente y estudiemos y meditemos continuamente en la Palabra.[16]

Mucho menos conocido es el despertar tardío al evangelio que C. S. Lewis experimentó. Muchos de nosotros sabemos de su famosa conversión, sus profundos logros literarios, su extensa correspondencia y reuniones con sus compañeros de Inklings, su anglicanismo de la Alta Iglesia y su matrimonio que fue demasiado breve. Pero ¿somos conscientes de que la realidad del perdón del evangelio le llegó de una forma decisiva y permanentemente transformadora?

Sucedió el 25 de abril de 1951. Más adelante en ese año, Lewis escribió una carta a un sacerdote italiano que había entablado una correspondencia con él. El sacerdote había leído una traducción italiana del libro de Lewis *Cartas del diablo a su sobrino* y, sin saber inglés, le escribió a Lewis una carta de agradecimiento en latín. Lewis, competente en latín, recibió la carta y le respondió

---

16 En Alister McGrath y J. I. Packer, eds., *Galatians by Martin Luther*, Crossway Classic Commentaries (Wheaton, IL: Crossway, 1998), 57–58.

en latín. Los dos disfrutaron de escribirse de ida y vuelta durante varios años de esta manera. En diciembre de 1951 Lewis escribió a este sacerdote:

A lo largo del año pasado me ha sobrevenido un gran gozo. Por difícil que sea, trataré de explicarlo con palabras. Es asombroso que a veces creamos que creemos lo que, realmente, en nuestro corazón, no creemos.

Durante mucho tiempo creí que creía en el perdón de los pecados. Pero de repente (el día de San Marcos) esta verdad apareció en mi mente con una luz tan clara que entendí que nunca antes (y eso después de muchas confesiones y absoluciones) la había creído con todo mi corazón.

Tan grande es la diferencia entre la sola afirmación del intelecto y esa fe, fijada en la médula misma y como si fuera palpable, que el apóstol escribió que era «sustancia».

¡Tal vez se me concedió esta liberación en respuesta a sus intercesiones en mi nombre!

Esto me anima a decirle algo que un laico difícilmente debería decir a un sacerdote, ni un joven a un mayor. (Por otro lado, *de la boca de los pequeños...* y como le pasó a Balaam, de la boca de un burro!). Es esto: escribes demasiado sobre tus propios pecados. Ten cuidado (permíteme, mi querido padre, decir ten cuidado) para que la humildad no pase a la ansiedad o a la tristeza. Se nos pide que «nos regocijemos y nos regocijemos siempre». Jesús ha cancelado la letra que estaba en contra de nosotros. ¡Alabemos con nuestros corazones![17]

---

17 C. S. Lewis, *The Collected Letters of C. S. Lewis*, vol. 3, *Narnia, Cambridge and Joy, 1950–1963*. Ed., Walter Hooper (San Francisco: HarperOne, 2007), 151–52.

Es sorprendente leer este documento de Lewis, sobre todo porque tenía cincuenta y tres años. Uno podría preguntarse si fue un período temporal de renovada apreciación del evangelio y nada más. Pero una lectura atenta de todo el volumen de sus cartas durante estos años revela que este fue un momento decisivo en su vida, porque vuelve a esta experiencia a lo largo de sus cartas, incluso varios años después de la experiencia.

En 1954, por ejemplo, escribe a cierta «señora Jessup» sobre su experiencia de 1951 como un cambio revolucionario «de la mera aceptación intelectual a la comprensión de la doctrina de que nuestros pecados son perdonados. Eso es quizás lo más bendecido que me ha sucedido. Qué poco saben del cristianismo, que piensan que la historia *termina* con la conversión».[18]

En 1956, escribiendo a Mary Van Deusen, reflexiona sobre el evangelio diciendo: «Había *aceptado* la doctrina años antes y habría dicho que la creía. Entonces, un bendito día, de repente se volvió real para mí e hizo que lo que anteriormente había llamado "creencia" pareciera absolutamente irreal».[19]

Escribiendo a Mary Shelburne en 1958, dice: «Había sido cristiano durante muchos años antes de que *realmente* creyera en el perdón de los pecados o con más exactitud, antes de que mi creencia teórica se convirtiera en una realidad para mí».[20] Él le escribe de nuevo al año siguiente y le responde a un comentario que ella hizo sobre la dificultad de sentir que no somos dignos de ser perdonados diciéndole:

¿Seguramente no te refieres a «sentir que no somos *dignos* de ser perdonados»? Porque por supuesto que no lo somos. El perdón

18 Lewis, *Collected Letters*, 3:425
19 *Ibid.*, 3:751; énfasis en el original.
20 *Ibid.*, 3:935; énfasis en el original.

por su naturaleza es para los indignos. Te refieres a sentir que «no somos» perdonados. Entiendo lo que dices. «Creí», en teoría, en el perdón divino durante años antes de que realmente llegara a mi hogar. Cuando sucede es un momento maravilloso.[21]

Todo esto es sorprendente por un par de razones. Primero, a Lewis solo le quedaban doce años de vida cuando tuvo esta experiencia en 1951. Había escrito la mayoría de sus libros. Pero fue en este punto que el perdón del evangelio realmente encajó en su lugar. En segundo lugar, Lewis volvió a esta experiencia repetidamente a lo largo de su vida. No tenía un significado transitorio. Lo marcó de por vida.

Francis Schaeffer experimentó un descubrimiento similar del evangelio después de la conversión, aunque en su caso resultó ser *el* punto de inflexión de su vida y ministerio. Al igual que con Lewis, sucedió en 1951, aunque Schaeffer era un poco más joven en ese momento (treinta y nueve). Él y su esposa, Edith, vivían en Suiza. Él describe lo que sucedió así:

Me enfrenté a una crisis espiritual en mi propia vida. Me había convertido del agnosticismo al cristianismo hacía muchos años. Después de eso fui pastor durante diez años en Estados Unidos y luego durante varios años mi esposa, Edith y yo estuvimos trabajando en Europa. Durante este tiempo sentí una fuerte carga por defender la posición cristiana histórica y la pureza de la iglesia visible. Sin embargo, poco a poco entendí un problema: el problema de la realidad. Hay dos partes en esto: primero, me pareció que en muchos de los que sostenían la posición ortodoxa, uno veía muy poco de lo que la Biblia habla con tanta claridad

21   Lewis, *Collected Letters*, 3:1064; énfasis en el original.

que debiera ser el resultado del cristianismo. En segundo lugar, empecé a darme cuenta de que mi realidad era inferior de lo que había sido en los primeros días después de que me había convertido en cristiano. Me di cuenta de que tenía que volver atrás y repensar toda mi posición con honestidad.

En ese momento vivíamos en Champéry y le dije a Edith que, en aras de la honestidad, tenía que volver a mi agnosticismo y pensar en todo el asunto. Estoy seguro de que ella oró mucho por mí en esos días. Caminaba por las montañas cuando estaba despejado y cuando llovía caminaba de ida y vuelta en el granero del antiguo chalé en el que vivíamos. Caminé, oré y pensé en lo que enseñaban las Escrituras, examinando mis propias razones por las que era cristiano.

Busqué a través de lo que la Biblia dice sobre la realidad como cristiano. Poco a poco vi que el problema era que con toda la enseñanza que había recibido después de ser cristiano, había escuchado poco sobre lo que la Biblia dice sobre el significado de la obra terminada de Cristo para nuestras vidas presentes. Poco a poco salió el sol y llegó la canción. Curiosamente, aunque no había escrito poesía durante muchos años, en ese momento, de gozo y canción, encontré que la poesía empezaba a fluir de nuevo.[22]

Schaeffer se había quedado estancado. Su gozo se había secado y estaba cuestionando la viabilidad del cristianismo en un nivel fundamental. ¿Qué lo sacó de ese hoyo? Volver al evangelio, el evangelio simple, maravilloso y justificador, que dice que somos absueltos de nuestra culpa de una vez por todas sobre la base exclusiva de la

---

22 Francis A. Schaeffer, *True Spirituality* (Carol Stream, IL: Tyndale, 1971), xxix-xxx.

obra terminada de Cristo en la cruz. Esto no solo ayudó a calmar su mente filosóficamente en cuanto a la verdad del cristianismo; también hizo que su vida floreciera de nuevo. La poesía brotó de él una vez más. El color y la belleza inundaron su corazón nuevamente. Esta experiencia en su propia vida, fundada en la Biblia, se convirtió en el centro de su enseñanza y discipulado en general. En su libro fundacional sobre vivir la vida cristiana, *La verdadera espiritualidad*, dice: «Me convertí en cristiano de una vez por todas sobre la base de la obra terminada de Cristo a través de la fe; eso es la justificación. Pero la vida cristiana, la santificación, opera sobre esa misma base, solo que un momento a la vez».[23]

Para los tres hombres, la realidad del evangelio era una verdad personal y transformadora, no solo algo sobre lo que teologizaron. He elegido de forma deliberada estas tres figuras porque representan tres corrientes diferentes en el río cristiano. Uno es alemán y el padre del luteranismo, uno inglés y anglicano de la Alta Iglesia y uno presbiteriano estadounidense. Más que esto, han hecho contribuciones muy diferentes a la iglesia, con distintos énfasis y aromas al ministerio de cada uno. Sin embargo, cada uno volvió después de su conversión a la verdad liberadora del evangelio. En esto nos dejan un ejemplo, no tan solo para imitarlos, sino para que podamos ir a la misma fuente a la que ellos fueron: las Escrituras y la enseñanza bíblica sobre la absolución divina a través de la obra de Jesucristo.

¿Quieres crecer en Cristo? Nunca te gradúes más allá del evangelio. Muévete cada vez con más profundidad en el evangelio. La gratuidad de tu justificación de afuera hacia adentro es un ingrediente crítico para fomentar tu santificación de adentro hacia afuera.

---

23 Schaeffer, *True Spirituality*, 70.

6

Honestidad

HASTA ESTE PUNTO HEMOS ESTADO REFLEXIONANDO sobre lo que sucede entre Dios y yo para favorecer el crecimiento. Pero a estas realidades verticales debemos unir las horizontales. Un cristiano está conectado no solo hacia «arriba» con Dios, sino también «hacia afuera» con otros cristianos.

Un cristiano independiente es una categoría que no tiene sentido según la Biblia. La Escritura llama a los creyentes el cuerpo de Cristo. Esa es quizás una metáfora familiar para muchos de nosotros, pero considera lo que debe significar. Vivimos nuestras vidas en Cristo de una manera que está vital y orgánicamente unida a todos los demás creyentes. Los que estamos en Cristo no estamos más separados de otros creyentes de lo que el tejido muscular puede estar separado de los ligamentos en un cuerpo sano. Cuando te cruzas con otro cristiano en el supermercado o en el pasillo de la iglesia, esa es la mano de un cuerpo que camina al lado del pie de ese mismo cuerpo, ambos controlados por una sola cabeza. Pueden ser de diferentes géneros, diferentes etnias, personalidades opuestas y setenta años de diferencia en edad, pero están mucho más conectados que dos hermanos de una misma familia, origen étnico y ADN, uno de los cuales está en Cristo mientras que el otro no lo está. C. S. Lewis lo expresó así:

> Las cosas que son partes de un solo organismo pueden ser muy diferentes entre sí; las cosas que no lo son, pueden ser muy similares. Seis centavos están muy separados y son muy parecidos: mi nariz y mis pulmones son muy diferentes, pero solo están vivos porque son partes de mi cuerpo y comparten su vida común. El cristianismo piensa en los individuos no como meros miembros de un grupo o elementos en una lista, sino como órganos en un cuerpo, diferentes entre sí y cada uno contribuyendo lo que ningún otro podría.[1]

Una razón por la que los apóstoles hablan de los cristianos como el cuerpo de Cristo es para comunicar que así como un cuerpo crece y madura, los cristianos deben crecer y madurar: «creceremos en todos los aspectos en Aquel que es la cabeza, es decir, Cristo, de quien todo el cuerpo, estando bien ajustado y unido por la cohesión que las coyunturas proveen, conforme al funcionamiento adecuado de cada miembro, produce el crecimiento del cuerpo para su propia edificación en amor» (Ef. 4:15-16).

La Biblia tiene mucho que decir sobre cómo debemos interactuar unos con otros, como hermanos cristianos, si queremos crecer. En este capítulo me gustaría enfocarme en una enseñanza muy importante y particular del Nuevo Testamento, la realidad corporativa más importante para nuestro crecimiento en Cristo: la honestidad.

---

1 C. S. Lewis, *Mere Christianity* (1952; reimp., Nueva York: Touchstone, 1996), 161.

Caminando en la luz

Si te exhortara a «caminar en la luz», ¿de qué pensarías que estoy hablando de forma instintiva? ¿Pensarías que te estoy exhortando a vivir de una manera moralmente pura? Esa sería una expectativa razonable. Pero si hablara de «andar en la luz» como lo hace el apóstol Juan, estaría hablando de algo muy diferente. Esto es lo que leemos en 1 Juan 1:

> Y este es el mensaje que hemos oído de Él y que les anunciamos: Dios es Luz, y en Él no hay ninguna tiniebla. Si decimos que tenemos comunión con Él, pero andamos en tinieblas, mentimos y no practicamos la verdad. Pero si andamos en la Luz, como Él está en la Luz, tenemos comunión los unos con los otros, y la sangre de Jesús Su Hijo nos limpia de todo pecado. Si decimos que no tenemos pecado, nos engañamos a nosotros mismos y la verdad no está en nosotros. Si confesamos nuestros pecados, Él es fiel y justo para perdonarnos los pecados y para limpiarnos de toda maldad. Si decimos que no hemos pecado, lo hacemos a Él mentiroso y Su palabra no está en nosotros. (1 Jn. 1:5-10)

La clave es el versículo 7: «Si andamos en la Luz, como Él está en la Luz, tenemos comunión los unos con los otros, y la sangre de Jesús Su Hijo nos limpia de todo pecado».

Entonces, ¿este texto exhorta a la pureza moral? La Biblia ciertamente dice esto. «Sean puros e irreprensibles» (Fil. 1:10). «Guárdate libre de pecado» (1 Tim. 5:22). «Sean prudentes, puras» (Tito 2:5). El mismo apóstol Juan desea con claridad esto para sus lectores: «Hijitos míos, les escribo estas cosas para que no pequen» (1 Jn. 2:1). A primera vista puede parecer que este es el punto de Juan cuando habla de caminar en la luz en el 1:7. Después de todo, dice: «Si andamos en la Luz, como Él está en la Luz», es decir, como Dios está en la luz. Dios es moralmente puro, así que seguramente estamos siendo llamados a la pureza, como Él, ¿verdad?

Pero el punto de este texto está en otra parte. Juan tiene algo mucho más liberador que decir. Caminar en la luz en este texto es «honestidad con otros cristianos».

Observa el énfasis de los versículos circundantes. «Si decimos que no tenemos pecado, nos engañamos a nosotros mismos» (1:8). Entonces Juan habla de confesar nuestros pecados, reconociendo honestamente nuestros fracasos: «Si confesamos nuestros pecados...» (1:9). Luego el versículo 10 vuelve al punto que hizo en el versículo 8: «Si decimos que no hemos pecado, lo hacemos a Él mentiroso» (1:10). Aparentemente andar en la luz es confesar nuestra pecaminosidad y andar en la oscuridad es ocultar nuestra pecaminosidad. Andar en la luz, en este texto, no es principalmente evitar el pecado, sino reconocerlo. Después de todo, incluso el mismo versículo 7 concluye con una seguridad de la sangre purificadora de Cristo, un recordatorio natural como si «andar en la luz», en el versículo previo, se refiriera a confesar nuestros pecados.

Esto es lo que quiero decir en este capítulo: Estás restringiendo tu crecimiento si no vas por la vida haciendo el trabajo doloroso, humillante y liberador de revelar con alegría tus fracasos de la oscuridad del secreto a la luz del reconocimiento ante un hermano o hermana en Cristo. En la oscuridad, tus pecados se pudren y crecen con fuerza. En la luz, se marchitan y mueren. Andar en la luz, en otras palabras, es honestidad con Dios y con los demás.

La reflexión clásica sobre caminar en la luz es el libro de Dietrich Bonhoeffer *Vida en comunidad*. Titula un capítulo «Confesión y comunión», porque su objetivo es mostrar el vínculo fundamental entre esas dos realidades horizontales. Empieza el capítulo diciendo:

El que está solo con su pecado está solo por completo. Es posible que los cristianos, a pesar de la adoración colectiva, la oración común y toda su comunión en el servicio, aun así puedan quedarse en su soledad. El progreso final hacia la comunión no sucede solo porque, aunque tienen comunión unos con otros como creyentes y como personas devotas, no tienen comunión como los que no son devotos, como los pecadores. La comunión piadosa no permite que nadie sea pecador. Así que cada uno debe ocultar su pecado de sí mismo y de la comunidad. No nos atrevemos a ser pecadores. Muchos cristianos están horrorizados de maneras impensables cuando un verdadero pecador es descubierto de repente entre los justos. Así que nos quedamos solos con nuestro pecado, viviendo en mentiras e hipocresía.[2]

Nos condenamos a un crecimiento estancado en Cristo si cedemos al orgullo y al temor y ocultamos nuestros pecados. Crecemos a medida que admitimos ser verdaderos pecadores, no pecadores teóricos. Todos nosotros, como cristianos, reconocemos generalmente que somos pecadores. Es raro encontrar el cristiano que es vulnerable con otro sobre «cómo» él o ella es un pecador. Pero en esta honestidad, la vida florece.

Dos tipos de deshonestidad

Hay dos formas de ser deshonesto con los hermanos cristianos: la deshonestidad explícita y la deshonestidad implícita. La deshonestidad explícita es mentir descaradamente: decirle a alguien que

---

2 Dietrich Bonhoeffer, *Life Together*, trad. J. W. Doberstein (Nueva York: HarperCollins, 1954), 110.

memorizaste todo Romanos cuando no has memorizado ni un solo versículo.

Pero también hay una deshonestidad implícita, que es mucho más sutil y también más común. Esta es la autoproyección que da una apariencia de éxito moral cuando la verdad es muy diferente. Caminar en la luz es la alternativa a la segunda de estas. Es matar la petulancia y el exhibicionismo, el uso de máscaras, la fachada, el mantener las apariencias. Todo se derrumba ante la transparencia.

Todo en nosotros se resiste a esto. A veces parece que preferiríamos morir. En realidad, caminar en la luz es, en cierta forma, morir. Se siente como si toda nuestra personalidad, nuestro yo, estuviera entrando en crisis. Estamos perdiendo nuestra impresionante apariencia frente a otro cristiano. «En la confesión de pecados concretos, el anciano muere una muerte dolorosa y vergonzosa ante los ojos de un hermano», escribió Bonhoeffer.[3] Pero ¿qué le dirías a un bebé aterrorizado de nacer, queriendo permanecer en el calor y la oscuridad del útero, negándose a salir a la luz? Le dirías: «Si te quedas allí, morirás. El camino hacia la vida y el crecimiento es salir a la luz».

Algunos de nosotros estamos agotados con nuestra vida cristiana, cansados y desanimados, vacíos y sin combustible. A pesar de tener una fuerte y clara teología del evangelio, avanzamos a los tropezones, en lugar de realmente crecer. ¿Será porque nunca hemos llegado a 1 Juan 1:7? ¿Estamos tratando de desarrollarnos espiritualmente en la oscuridad? ¿Hay alguien en tu vida que sepa que eres un pecador no solo de forma general sino también específicamente? ¿No solo en lo abstracto sino también en lo concreto? Da miedo ir allí con otro hermano. Pero la cirugía también da miedo.

---

3 Bonhoeffer, *Life Together*, 114.

Sin embargo, ¿no vale la pena seguir adelante, dada la curación y la restauración y la vida y la salud que nos esperan en el otro lado?

Objeciones

En este punto, pueden estar surgiendo algunas preguntas. ¿Acaso no tenemos que confesarle nuestros pecados solo a Dios? En ninguna parte de este texto se nos dice explícitamente que confesemos nuestros pecados unos a otros. En otros lugares de la Biblia dice explícitamente: «Confiésense sus pecados unos a otros» (Sant. 5:16). El único lugar que nos dice que «confesemos» en 1 Juan 1 es en el versículo 9, que suena como confesión a Dios y no a otros: «Si confesamos nuestros pecados, Él es fiel y justo para perdonarnos los pecados y para limpiarnos de toda maldad».

Ciertamente, 1 Juan 1 incluye confesarle a Dios. Eso es fundamental. Él es con quien estamos lidiando en profundidad. Pero no hay forma de darle sentido a toda la idea de este pasaje y al lenguaje de la interpersonalidad, a menos que andar en la luz sea también un asunto horizontal. El versículo 7 no dice: «Pero si andamos en la Luz, como Él está en la luz, la sangre de Jesús Su Hijo nos limpia de todo pecado». Dice: «Pero si andamos en la Luz, como Él está en la Luz, *tenemos comunión los unos con los otros*, y la sangre de Jesús Su Hijo nos limpia de todo pecado». Andar en la luz produce una comunión profunda con los hermanos cristianos.

Otra pregunta sería esta: ¿Está 1 Juan 1:7 diciendo que debo andar por la vida ventilando todos mis trapos sucios a cada compañero cristiano que me encuentre?

No, de ninguna manera. Eso sería egocéntrico y *carente* de amor, por no mencionar agotador e incómodo. Este texto no nos lleva a una vulnerabilidad exhaustiva, sino a una vulnerabilidad redentora. Pero, sin duda, para la mayoría de nosotros, la dificultad más grande que tenemos es confesar nuestros pecados los unos a los otros y no confesarlos en exceso. Se necesita sabiduría para hacer esto bien. Tampoco quiero construir un legalismo nuevo y sutil en el cual empezamos a creer que Dios retiene Su perdón de nosotros hasta que seamos lo suficientemente honestos con otros creyentes. Eso sería justicia por obras y perder el evangelio en sí mismo. Pero ¿qué pasaría si cada uno de nosotros decidiera encontrar a una persona, alguien del mismo sexo, para evitar cualquier posibilidad de apegos poco saludables, que supiera quiénes somos realmente, por dentro y por fuera? Sin pretextos, sin juegos, sin buscar impresionar y sin máscaras.

Otro obstáculo para lo que digo sería algo como esto: «Pero, Dane, tan pronto como confieso mis pecados a otra persona, el reloj empieza a moverse. No puedo vivir con ese tipo de presión».

Por supuesto que no. ¿Quién podría vivir así? Si esperamos que el otro empiece a restaurarse inmediatamente, apenas algo sale a la luz, destruimos todo el objetivo de la confesión mutua. Dios no nos extiende el perdón verticalmente con un cronómetro de tiempo añadido; entonces, ¿por qué nos pondríamos un cronómetro de tiempo a nivel horizontal? Ciertamente, queremos sentir la urgencia de la necesidad de crecimiento; la alegría y la utilidad y la salud del alma del pecador están en juego. Pero ninguno de nosotros crece a través de la presión. Es la ausencia misma de la presión lo que crea un ambiente fértil para matar el pecado y crecer.

Esto es lo que sucede cuando empezamos a ser honestos, incluso solo con otra persona. Los dos círculos de lo que sabemos que somos y la forma como nos presentamos se superponen. En lugar de que el Dane privado sea una persona y el Dane público otra, ahora solo hay un Dane. Volvemos a estar completos. Integrados. Fuertes. Pero mantener las apariencias es una forma agotadora de vivir.

Ser honestos entre nosotros tiene muchos resultados poderosos. Este versículo menciona dos:

1. Tenemos comunión unos con otros.
2. La sangre de Jesús Su Hijo nos limpia de todo pecado.

Lo revisaremos en ese orden.

Comunión unos con otros

¡El infierno de la soledad! Fuimos creados para existir los unos con los otros, nada menos que eso. Los incrédulos pueden disfrutar solo de una sombra tenue de esta realidad, pero para aquellos de nosotros en Cristo, hemos sido atraídos a la gloria de la interpersonalidad y tenemos un recurso en el evangelio para disfrutar la honestidad de la vida con los demás. Las categorías de la introversión y la extroversión, por más útiles que sean, no logran adentrarse en lo profundo del tema, la forma fundamental en la que Dios nos conectó a todos, introvertidos y extrovertidos por igual, para la comunión humana. *Incluso los introvertidos pueden sentirse solos.*

Fuimos hechos para estar juntos, para hablarnos, para compartir nuestros corazones, para reír juntos, para disfrutar juntos de una hermosa flor. El dolor de una tristeza se duplica cuando se soporta solo, pero disminuye en gran medida cuando alguien más nos acompaña a atravesarla. Del mismo modo, la satisfacción del gozo se duplica cuando se celebra con otra persona, pero disminuye cuando se disfruta solo.[4] Anhelamos tener un espíritu unido a los

---

4 Drew Hunter me ayudó a ver esto a través de su libro *Made for Friendship: The Relationship That Halves Our Sorrows and Doubles Our Joys* (Wheaton, IL: Crossway, 2018).

demás, al compartir nuestro corazón, al estar unidos. A menudo, nuestras búsquedas idólatras a través de la inmoralidad sexual, la indulgencia excesiva en el alcohol o la construcción de plataformas de redes sociales son simplemente anhelos fuera de lugar para la comunión humana. Si rastreáramos esas búsquedas que erosionan el corazón hasta su raíz, encontraríamos, entre otras cosas, tan solo una ausencia de verdadera comunión cristiana.

Aquí está la imagen que el Nuevo Testamento y un pasaje como 1 Juan 1 nos está dando. Ante nosotros se encuentra un salón principal, preparado para el banquete. Las mesas están apiladas con todos los platos que podamos imaginar. Los candelabros son brillantes, las flores bellamente arregladas. Las sillas son cómodas y están juntas. Los asientos son ilimitados; cualquiera puede acercarse. Pero fuera del salón hay diez mil habitaciones pequeñas oscuras con espacio para que entre una sola persona en cada una, donde todos tendemos a ocultarnos, escondiendo nuestras vergüenzas, pecados y fracasos, aterrorizados de que nadie vea nuestras imperfecciones a la luz. 1 Juan 1:7 dice: «Si andamos en la Luz, como Él está en la Luz, tenemos comunión los unos con los otros», nos está invitando al banquete. Juntos. Somos llamados al gozo de la humildad y de la honestidad unos con otros, donde festejamos, donde nos cuidamos, donde ya no estamos solos.

Mientras caminamos en la luz unos con otros, las paredes se derrumban. Nos relajamos en una nueva forma de ser, una manera de ser libres unos con otros. La comunión se enciende y arde intensamente. En realidad, podemos disfrutar de los demás, en lugar de tan solo usarlos o buscar impresionarlos de forma constante. De hecho, mantener las apariencias se ha vuelto tan normal para nosotros, que ni siquiera nos damos cuenta de cuán profundamente estamos atrapados en ello. De cierto, una de las sorpresas que tendremos en la tierra nueva —cuando toda nuestra caída, pecado y preocupación por nosotros mismos se hayan evaporado— será la sorprendente nueva libertad y el placer de tan solo estar cerca de otras personas. Seremos librados de tener cualquier necesidad de presentarnos de cierta manera, finalmente tendremos vida verdadera. Seremos libres. El mensaje del Nuevo Testamento es que podemos empezar a disfrutar de esa libertad, no perfectamente, sino de verdad, ahora. Lo que nos lleva al segundo resultado de caminar en la luz.

La limpieza de todo pecado

«La sangre de Jesús Su Hijo nos limpia de todo pecado». Esta pequeña declaración que aparece al final de 1 Juan 1:7 es la razón por la que cualquiera de nosotros llegará al cielo algún día. Somos limpiados por la sangre de Cristo.

Esta realidad se relaciona con mis énfasis anteriores en el amor de Cristo (cap. 4) y la doctrina de la justificación (cap. 5). La categoría de «limpieza», sin embargo, hace su propia contribución. En el evangelio estamos unidos a Cristo no porque hay algo hermoso en nosotros, sino solo por Su corazón grande y amoroso. Muchas bendiciones fluyen de esto: somos juzgados en la justicia y liberados para salir de la sala del tribunal (justificados), somos bienvenidos por completo en la familia de Dios (adoptados), somos restaurados a una relación amistosa con el Padre (reconciliados) y mucho más. También somos, según 1 Juan 1:7, hechos limpios. Se nos da un baño. Una limpieza que ocurre una sola vez, efectiva y de forma permanente.

Pienso en la lucha con lodo del Camp Ridgecrest en las montañas del oeste de Carolina del Norte en el verano de 2000, donde fui consejero de campamento. Después de que todos estábamos cubiertos de barro y agotados, nos limpiamos saltando del trampolín al lago. Se sintió genial sumergirse, sentir que el barro se lavaba y salir al aire limpio una vez más. Si hubiéramos intentado sacarlo frotándonos con las manos, nunca nos hubiéramos limpiado de esa manera y de todos modos, nuestras manos también estaban sucias, así que estaríamos tratando de quitar la suciedad con más suciedad. El evangelio funciona de la misma manera. Nunca podemos limpiarnos a nosotros mismos. Pero si nos sumergimos en el lago de la limpieza divina, salimos limpios y a diferencia de la limpieza de ese lago de Carolina del Norte, esta limpieza significa que nunca nos podemos ensuciar de nuevo.

Seguiremos pecando de muchas maneras, por supuesto, pero lo que es cierto de nosotros con más profundidad es que hemos sido lavados de una vez por todas. ¿Cómo nos limpia exactamente la sangre de Cristo? Cuando reflexionas en ello te das cuenta de que ese es un concepto bastante extraño: limpiarse con la sangre de otra persona. La gran enseñanza de las Escrituras deja claro que para los pecadores caídos, se debe hacer justicia si queremos estar bien con nuestro Creador una vez más. Pero como cumplimiento culminante de la sangre derramada del cordero pascual en la ley del Antiguo Testamento, Jesús tomó el lugar de Su pueblo y permitió que Su propia sangre fuera tomada a su favor. Él ofreció Su propia vida para que todos los que desean que la sangre de Jesús sustituya el costo de su propia sangre puedan tener esa transacción sustitutiva que determine su propio destino eterno. De esa manera Su sangre nos limpia. Es la sangre de Jesús o la nuestra. La justicia divina debe ser satisfecha. Si Su sangre es derramada en mi nombre, la ira del Padre es satisfecha y salgo impune. Una forma de entender uno de los resultados de esto es la *limpieza*. Jesús, el limpio, fue tratado como sucio, de modo que yo, el sucio, soy tratado como limpio.

Muchos de nosotros nos sentimos irremediablemente sucios. Sabemos que Dios nos ama y creemos que realmente somos justificados. Sabemos que el cielo nos espera a la vuelta de la siguiente curva del camino. Pero, mientras tanto, no podemos salir de la sensación opresiva de la suciedad. Ya sea por abuso a manos de otros o por nuestras propias tonterías pecaminosas, nos sentimos sucios. Debajo de nuestra aguda teología nos sentimos repugnantes. Nuestras sonrisas y apariencia externa, bien presentada, están en desacuerdo con lo que encontramos como nuestra experiencia visceral más profunda.

El evangelio responde a esto. Si estás en Cristo, el cielo te ha bañado. Has sido enjuagado y ahora eres «a prueba de suciedad». No importa lo que sientas. Eso no te define. Jesús fue manchado para liberarte de tu estado contaminado y de tus sentimientos contaminados. Eso no significa que nunca lucharemos contra los sentimientos contaminados. Pero sí significa que un aspecto de crecer en Cristo es alinear nuestros sentimientos subjetivos de contaminación con esa limpieza objetiva, decisiva, invencible, verdadera para todos los tiempos y la eternidad en la sangre de Cristo. Nota que el texto dice que somos limpiados «de *todo* pecado» (1 Jn. 1:7). Este es un tratamiento integral.

No es fácil creer que estamos limpios. Creer la Palabra de Dios en este punto probablemente no sea muy distinto a decirle a un hombre que está convencido de que tiene fiebre alta: «Estás sano». Pero así es. Debemos creerlo, desafiando lo que sentimos. Créelo atrevidamente. Cree en esta limpieza desafiándola con el evangelio. Como dijo Lutero: «Si como Hijo de Dios, Jesús derramó Su sangre para redimirnos y limpiarnos del pecado y si creemos esto,

y se lo refregamos en la nariz al diablo cada vez que trata de ator-
mentarnos y aterrorizarnos con nuestros pecados, el diablo pronto
será vencido; se verá obligado a retirarse y a dejar de molestarnos».[5]

La honestidad impulsa sentirse perdonado

Un lector reflexivo podría responder en este punto: *El texto dice que*
«si andamos en la Luz [...] la sangre de Jesús, Su Hijo, nos limpia
de todo pecado». ¿Eso significa que si no somos honestos los unos con
los otros, Dios no nos limpiará? ¿Estamos poniendo al evangelio de
cabeza y estamos haciendo que nuestro estado de limpieza dependa de
algo que hacemos?

Sabemos por la gran enseñanza de la Biblia que esto no es así.
El texto debe querer decir que a medida que andamos en la luz
—y solo aquellos que son arrastrados a las misericordias del evangelio y en quienes mora el Espíritu pueden empezar a hacer esto
de verdad— la sangre purificadora de Cristo se vuelve más real
para nosotros. Va, desde creer la teoría, a sentir la realidad. Experimentamos ese perdón con más profundidad de lo que podemos.
Nuestros corazones se abren para recibirlo con más profundidad
que antes. El perdón del evangelio pasa de la receta impresa a una
experiencia exquisita. En otras palabras, la honestidad los unos con
los otros sobre nuestra pecaminosidad es un camino hacia lo que
Lutero, Lewis y Schaeffer testificaron haber experimentado: una
comprensión más fresca, más liberadora y más sólida del evangelio.
No, la honestidad con los demás no nos gana el favor de Dios.
Pero sin honestidad con los demás, tomamos un riesgo terrible y
nos preparamos para nuestra peor caída.

---

5   Martín Lutero, *Sermons on the Gospel of St. John 1-4* en *Luther's Works,* ed. Jaroslav Pelikan
     y Helmut T. Lehmann, 55 vols. (Filadelfia: Fortress, 1955-1986), 22:24.

Cuando confías en Dios lo suficiente como para hablar de tu pecaminosidad a otra persona, los conductos de tu corazón se abren para sentirte perdonado. Esto se debe a que el mismo orgullo que nos impide confesar nuestros pecados a un hermano o hermana también obstaculiza lo que creemos que sentimos del evangelio. El orgullo obstaculiza el compañerismo tanto horizontal como verticalmente. Evadir la honestidad ante otro cristiano es fundamentalmente un rechazo del evangelio mismo. Negarse a ser honesto con otro es una obra de justicia camuflada; creemos que necesitamos salvar nuestra imagen, para mantener la rectitud de la apariencia. Pero en la conversión al cristianismo ya hemos reconocido que somos irremediablemente pecadores, sin nada que aportar más que nuestra necesidad. El evangelio dice que no tenemos nada dentro de nosotros que nos elogie ante Dios; ¿por qué dejar esa teología en la comunión cristiana y pretender que tenemos alguna virtud dentro para elogiarnos? Debemos ser coherentes. Dicho de otra forma: en la conversión, el viejo hombre murió de una vez por todas (Rom. 6:1-14; Ef. 4:20-24; Col. 3:1-4, 9-10). Cuando nos negamos a ser honestos en presencia de un compañero creyente, estamos trayendo a la vida al viejo hombre. Estamos volviendo a nuestra forma de ser antes de ser regenerados.[6]

Colapsar en el florecimiento

¿Quieres gozo? Juan dijo, después de todo, que estaba escribiendo 1 Juan «para que nuestro gozo sea completo» (1:4). ¿Quieres crecer? Tal vez justo al otro lado de la verdadera honestidad con otro cristiano te espera una profunda «comunión [...] con el Padre y con

---

6   Para un desentrañar más este párrafo, ver Bonhoeffer, *Life Together*, 114-15.

Su Hijo Jesucristo» (1:3) que hará que lo que actualmente crees parezca, en comparación, completamente irreal. Cree en el evangelio. Encuentra un amigo de confianza. Deja a ese hermano o hermana conocer tu realidad caída, de forma redentora pero también humillantemente transparente. Humíllate en la muerte de la honestidad y mira qué vida florece en el otro lado. Encuéntrate sintiéndote bañado de nuevo en el evangelio de la gracia y a medida que te atreves a profundizar en la honestidad y en la experiencia de la sangre purificadora de Cristo, observa cómo tu corazón se relaja en el crecimiento que anhelas.

7

Dolor

NUESTROS INSTINTOS NATURALES NOS DICEN que el camino a seguir en la vida cristiana es evitar el dolor para que, sin distraernos, podamos dedicarnos a crecer en Cristo. Sin embargo, el Nuevo Testamento nos dice una y otra vez que el dolor es un medio, no un obstáculo, para profundizar en la madurez cristiana. La angustia, las decepciones y la vanidad que nos afligen son en sí mismos elementos esenciales para nuestro crecimiento. Somos «herederos de Dios y coherederos con Cristo, si en verdad padecemos con Él a fin de que también seamos glorificados con Él» (Rom. 8:17). Conocemos más profundamente a Cristo cuando «participamos en Sus padecimientos» (Fil. 3:10). «Al presente ninguna disciplina parece ser causa de gozo, sino de tristeza. Sin embargo, a los que han sido ejercitados por medio de ella» (Heb. 12:11).

Si lo permitimos, el dolor fomentará el crecimiento como ninguna otra cosa puede hacerlo.

La universalidad del dolor

Una aclaración que debemos hacer de inmediato es que todos experimentamos dolor. Digo esto porque es común en algunos sectores de la iglesia occidental hablar, predicar y escribir como si solo en otros rincones del mundo los creyentes sufrieran dolor.

Es cierto que la persecución abierta no es un fenómeno universal. También es evidente que los creyentes en otras partes del mundo (escribo esto desde Occidente y como occidental) enfrentan todo tipo de dificultades diversas que muchos de nosotros no enfrentamos: escasez de agua potable, exclusión social, restricciones gubernamentales para reunirse públicamente para el servicio corporativo, pobreza, atención médica deficiente, falta de recursos bíblicos y teológicos sólidos, una abundancia de teología de la prosperidad cortejando y engañando a otros creyentes y mucho más.

Pero a veces esta nota de relativo consuelo circunstancial en Occidente puede darse de una forma que minimiza u oscurece el dolor que todos los creyentes soportan en sus propias vidas. Ningún cristiano, no importa dónde viva, es inmune a las dolorosas experiencias del cáncer, de la traición de otros cristianos, de la decepción vocacional, de trastornos psicológicos, de crisis emocionales, de niños descarriados, de jefes abusivos o de otras cien adversidades.

Pero cuando hablo de la universalidad del dolor, también tengo en mente algo más, algo adicional a todos estos ejemplos concretos de adversidad. Hay, para todos los que vivimos entre los dos primeros capítulos de la Biblia y los dos últimos, una vanidad generalizada que se encuentra en todo —en nuestras mentes, en nuestros corazones, en nuestras conciencias, cada pensamiento y palabra y reunión y correo electrónico y despertar al día siguiente—; hay algo difícil de articular que lo infecta todo. Una sensación de pérdida, de frustración, de no florecer, de parálisis, de agobiarse con los objetivos diarios, de perder el tiempo, de rebotar constantemente contra una pared. La Biblia habla de esto, diciéndonos que toda la «creación fue sometida a vanidad» (Rom. 8:20) y «gime» como una madre en trabajo de parto (Rom. 8:22). Debemos tener cuidado de entender que «la creación» (Rom. 8:22) no significa el orden natural creado sin considerar a los humanos. Estamos incluidos en esa vanidad. El texto también dice que «gemimos en nuestro interior, aguardando ansiosamente» que Dios arregle todas las cosas al final (Rom. 8:23). Somos como un automóvil hermoso tratando de llegar del punto A al punto B con un motor y las partes interiores del capó, todas sucias. No estamos funcionando como deberíamos.

La miseria y la oscuridad y la angustia y el arrepentimiento y la vergüenza y el lamento colorean todo lo que decimos, hacemos y pensamos. La realidad de las pesadillas demuestra que este dolor y vanidad llega inclusive a nuestro subconsciente y a nuestro sueño. No podemos ir a *ninguna parte* para escapar de la vanidad y del dolor de la vida en este mundo caído. Esto es cierto para todos los creyentes. Para los incrédulos también, por supuesto, pero para los creyentes el dolor es diferente, porque sabemos y sentimos con más profundidad que el dolor no es la forma en la que Dios hizo el mundo y no es como deberían ser las cosas. Es por eso que Romanos 8 conecta nuestro gemido con la presencia de «las primicias del Espíritu» (v. 23). Los creyentes hemos resucitado espiritualmente pero aún no hemos resucitado corporalmente, y esa disonancia aumenta nuestra conciencia de lo que no es correcto de nuestra pequeña existencia caída. Cada cultura soporta las vanidades diarias de la vida en este mundo caído, esa sensación que anticipa que el despropósito se extiende en toda la vida, nos abraza cada mañana con una nueva desesperación.

El dolor no es una isla en nuestras vidas, sino el océano; la decepción o desilusión es el escenario en el que se desarrolla toda la vida, no un bache ocasional en una vida cómoda y sin problemas.

Lo que quiero decir en este capítulo es que un elemento crucial en nuestro crecimiento en la gracia es una disposición a la humildad para recibir las amarguras de la vida como la forma tierna que Dios tiene para sacarnos de la miseria del yo y llevarnos con más profundidad hacia la madurez espiritual. A través del dolor, Dios nos está invitando a ser «un hombre maduro, a la medida de la estatura de la plenitud de Cristo» (Ef. 4:13).

Debemos ser cuidadosos y cautelosos en la forma en la que abordamos este tema, porque estamos tratando con una realidad que no es solo una abstracción teológica. Este capítulo es como retirar el vendaje de una herida abierta y darle algunas punciones y pinchazos incómodos. Lo primero que hay que hacer con aquellos que soportan un dolor nuevo en sus vidas no es entregarles un libro o citarles un versículo o proporcionarles un recordatorio teológico. La Biblia dice «lloren con los que lloran» (Rom. 12:15), no dice «dale una respuesta teológica al que llora». Dar una explicación teológica, incluso una verdadera explicación teológica, a personas atravesando un dolor crudo, exacerba el dolor. No necesitan que los confrontemos hablándoles. Nos necesitan a su lado, llorando. El hecho de que Romanos 8:28 venga antes de Romanos 12:15 en la Biblia no significa que deba ser lo primero en nuestra consejería y en nuestras amistades.

Sin embargo, aunque hay un tiempo para llorar, también hay un tiempo para pensar (Ecl. 3:1-8). A lo largo de nuestro discipulado hacia Cristo, todos necesitamos construir una base profunda y sólida de nuestra comprensión, de cómo procesar e incluso redimir la angustia de nuestras vidas. Sin este fundamento, nuestro crecimiento en Cristo será muy limitado. Ese es el punto de este capítulo.

Cortar las ramas

Cada uno de nosotros es como una vid saludable que tiene la inclinación perversa de enredar todos sus sarmientos alrededor de un árbol venenoso que parece nutritivo pero que en realidad nos adormece. Se nos ha advertido que abrazar este árbol nos matará. Pero no podemos evitarlo. Nos envolvemos alrededor de él. Solo hay un recurso para el Jardinero amoroso. Él nos debe cortar como considere. Cortar ramas enteras, inclusive. Él debe hacernos pasar a través del dolor de la pérdida, el dolor de ser disminuidos, de ser reducidos para liberarnos.

El mundo y sus ofrendas fraudulentas son como ese árbol venenoso. Nuestro Jardinero celestial nos ama demasiado como para permitirnos continuar cometiendo suicidio del alma al apegarnos cada vez con más profundidad al mundo. A través del dolor de la decepción y la frustración, Dios nos separa del amor de este mundo. Se siente como si estuviéramos lisiados, como si estuviéramos muriendo. De hecho, estamos siendo liberados de los falsos placeres del mundo.

En 1949 C. S. Lewis escribió a Warfield Firor, un profesor estadounidense de cirugía, y con una honestidad refrescante le dijo:

> Todo está allí en el Nuevo Testamento… «Morir al mundo», «el mundo está crucificado para mí y yo para el mundo». Me doy cuenta de que no he empezado, al menos no si eso significa (y puede significar menos) un desenredo constante y progresivo de todas mis motivaciones meramente naturales o de este mundo. Es como entrenar a una enredadera para que crezca en una pared en lugar de otra. No me refiero a desenredarme de las cosas malas en sí mismas, sino, digamos, de la agradable experiencia que esperamos tener comiendo un jamón mañana por la noche

o de la gratificación de mi éxito literario. No son las cosas, ni siquiera el placer en ellas, sino el hecho de que en tales placeres está mi corazón o gran parte de mi corazón.

Para decirlo de una forma fantástica, si una voz me dijera (y una que no podría evitar creer): «Nunca verás el rostro de Dios, nunca ayudarás a salvar el alma de un prójimo, nunca estarás libre de pecado, sino que vivirás en perfecta salud hasta que tengas cien años, serás muy rico y morirás como el hombre más famoso del mundo, y tendrás la conciencia oscurecida como la de un tipo que apenas es agradable, para siempre», ¿cuánto me preocuparía? ¿Cuánto en comparación con otra guerra? ¿O incluso con la noticia de que debo sacarme todos los dientes? ¿Te das cuenta? ¿Y qué derecho tengo de esperar la paz de Dios mientras pongo todo mi corazón, al menos todos mis deseos más fuertes, en el mundo del cual Él me ha advertido?

Bueno, gracias a Dios, no seremos dejados en el mundo. Todos Sus terribles recursos (pero somos nosotros los que lo obligamos a usarlos) serán traídos contra nosotros para separarnos de ellos: inseguridad, guerra, pobreza, dolor, impopularidad, soledad. Debemos enseñarnos que este campamento no es nuestro hogar.[1]

Lewis expone aquí nuestros corazones. Los que somos honestos con nosotros mismos, reconocemos cuán intratablemente entrelazadas están las vides de nuestros corazones con este mundo. Eso no quiere decir que debamos negarnos a disfrutar de las cosas buenas del mundo: nuestra comida favorita, una hermosa puesta de sol, los placeres íntimos con nuestro cónyuge, la satisfacción por un trabajo bien hecho. Resistir tales placeres es, según los apóstoles, demoníaco

---

1 C. S. Lewis, *The Collected Letters of C. S. Lewis, vol. 3, Narnia, Cambridge, and Joy, 1950–1963*, ed. Walter Hooper (San Francisco: HarperCollins, 2009), 1007-8.

(1 Tim. 4:1-5). Más bien, debemos reconocer que nuestros corazones se aferrarán a cualquier asunto en este mundo que no sea Dios mismo y buscarán sacar fuerza de eso creado en lugar del Creador y Su amor. La categoría bíblica para esta inclinación perversa de nuestros corazones, de ver a los asuntos de este mundo para saciar la sed de nuestra alma, se llama «idolatría». La idolatría, como la definí en el capítulo 5, es la locura de pedirle a un regalo que sea un dador. La Biblia nos dice que coloquemos nuestros anhelos supremos y nuestra sed en Dios mismo. Solo Él puede satisfacernos (Sal. 16:11), y promete que nos va a satisfacer (Jer. 31:25).

El problema es que con nuestros propios recursos no podemos recoger las esperanzas más profundas de nuestros corazones que hemos puesto en el mundo y trasplantarlas a Dios. Creemos que podemos. Lo intentamos. Pero es como un niño que entra en una cirugía de corazón, confiado en que puede arreglar su corazón por sí mismo. Necesita un cirujano que lo atienda y aporte toda esa experiencia médica para que lo ayude en la operación.

Nosotros también necesitamos cirugía de corazón y también necesitamos los recursos de un médico, el médico divino, que no solo tiene toda la experiencia correcta, sino que también nos ha abrazado en lo más profundo de Su corazón y nos ama con un amor tan expansivo como Su propio ser (Ef. 3:18-19).

La operación dura toda una vida y con frecuencia duele. Pero nos está restaurando.

Solo dos opciones

En un libro publicado en 1630, cinco años antes de su muerte, Richard Sibbes escribió:

El sufrimiento trae desaliento, debido a nuestra impaciencia. «¡Ay!», nos lamentamos, «nunca saldré adelante de una prueba como esta». Pero si Dios nos trae a la prueba, estará con nosotros en la prueba, y al final nos sacará adelante, más refinados. No perderemos nada más que escoria (Zac. 13:9). En nuestras propias fuerzas no podemos soportar el problema más pequeño, pero con la ayuda del Espíritu podemos soportar el más grande. El Espíritu agregará Sus hombros para ayudarnos a soportar nuestras enfermedades. El Señor nos dará Su mano para sostenernos (Sal. 37:24) [...] Nos da consuelo en condiciones desoladas, puesto que Cristo tiene un trono de misericordia junto a nuestra cama y cuenta nuestras lágrimas y nuestros gemidos.[2]

Cuando el dolor inunda nuestras vidas, de forma inmediata e instintiva sentimos como si estuviéramos perdiendo. Algo está sucediendo en nuestra vida. Estamos retrocediendo. «Esto es malo», pensamos. Es comprensible. En la economía del evangelio, sin embargo, estamos unidos a un Salvador que fue arrestado, crucificado, lo pusieron en una tumba y lo dieron por muerto, solo para resucitar en una gloria triunfante que no es posible sin esa muerte. «El dolor siembra gloria». ¿No quieres que la gloria celestial se asiente en toda tu vida pequeña? ¿Cómo sucede eso? El apóstol Pedro nos dice: «Si ustedes son insultados por el nombre de Cristo, dichosos son, pues el Espíritu de gloria y de Dios reposa sobre ustedes» (1 Ped. 4:14). Cuando las ofensas nos dejan tambaleando, cuando la vida duele, nuestros ojos se están levantando de las cosas inestables del mundo hacia el Dios estable de la Biblia. Se nos está devolviendo nuestro verdadero ser.

---

2 Richard Sibbes, *The Bruised Reed* (Edimburgo: Banner of Truth, 1998), 54-55.

Estamos siendo llamados, como dijo Lewis, «más alto y más profundo».[3] Cuando llega el dolor, no es solo para hacernos daño, para darnos una lección, para ponernos en forma; es de un Padre tierno, es para nuestra restauración. «Estás recostado demasiado cerca de Su corazón como para que Él te lastime», escribió el puritano John Flavel.[4] Cuando la vida duele, inmediatamente nos encontramos en una bifurcación interna en el camino. O tomamos el camino del cinismo, cerrándole nuestro corazón a Dios y a los demás, retirándonos al lugar donde nos sentimos más seguros, donde guardamos nuestros deseos y anhelos, para que no vuelvan a ser lastimados o insistimos en profundizar con Dios más allá de lo que jamás hemos conocido. O sonreímos ante lo que dijimos, que creíamos sobre la soberanía y bondad de Dios, pensando que lo que creíamos acaba de ser refutado o fortalecemos aún más nuestra teología. Los dos círculos, uno de nuestra teología profesada y el otro de nuestra teología del corazón, que hasta ese momento han sido diferentes, se ven obligados a alejarse más que nunca o a superponerse perfectamente. O fortalecemos nuestra teología o dejamos que nuestros corazones se calcifiquen y endurezcan. O dejamos que el médico divino continúe la operación o insistimos en que nos saquen de la sala de operaciones. Pero el dolor no nos deja avanzar como antes.

Richard Davis fue pastor en Inglaterra en la época de los puritanos. En un momento buscó al gran John Owen para obtener consejo espiritual. Sinclair Ferguson relata lo que sucedió:

3   Este es el título del capítulo 15 de C. S. Lewis, *The Last Battle* (San Francisco: HarperCollins, 1984).

4   John Flavel, *Keeping the Heart: How to Maintain Your Love for God* (Fearn, Ross-shire, Escocia: Christian Focus, 2012), 43.

Durante la conversación, Owen le preguntó: «Joven, cuando ora ¿de qué manera se acerca a Dios?».

«A través del Mediador, señor», respondió Davis.

«Eso se dice con facilidad», respondió Owen, «pero le aseguro que ir a Dios a través del Mediador es algo muy distinto a lo que muchos de los que usan esa expresión son conscientes. Yo mismo prediqué a Cristo algunos años, cuando tenía muy poco, si es que tenía algún, conocimiento experimental del acceso a Dios a través de Cristo; hasta que el Señor se complació en visitarme con dolorosa aflicción, por la cual fui llevado a la entrada de la tumba y bajo la cual mi alma fue oprimida por el horror y la oscuridad; pero Dios, lleno de gracia, alivió mi espíritu a través de una poderosa aplicación de Salmo 130:4, "Pero en Ti hay perdón, para que seas temido", fue donde recibí instrucción especial, paz y consuelo, al acercarme a Dios a través del Mediador, y prediqué inmediatamente después de mi recuperación».[5]

Nota las palabras «con dolorosa aflicción». Fue a través de una prueba dolorosa, no evitándola, que la seguridad del perdón llegó al corazón de Owen. Él había predicado el evangelio por años, pero solo a través de esta prueba el evangelio que había predicado pasó de la teología profesada a la teología del corazón. Los dos círculos se sobrepusieron.

Si algún día quieres ser un anciano o una anciana firme, de influencia y radiante, deja que el dolor en tu vida te obligue a creer en tu propia teología. Deja que te impulse más que nunca antes a

---

5   Sinclair B. Ferguson, *John Owen on the Christian Life* (Edimburgo: Banner of Truth, 1987), 100n1. El Salmo 130 se volvió tan personalmente precioso para Owen que continuaría escribiendo una densa exposición de 200 páginas sobre él, que se encuentra en el vol. 6 de sus obras completas.

una comunión más profunda con Cristo. No dejes que tu corazón se seque. Él está en tu dolor. Él te está refinando. Todo lo que perderás, nos recuerda Sibbes, es la escoria del ser y la miseria que, de todos modos, quieres eliminar de lo más profundo de tu corazón. Dios nos ama demasiado como para dejarnos permanecer en la superficialidad. Qué banales y simples seríamos si viviéramos toda la vida sin dolor.

Tus lágrimas son Sus herramientas.

Las lágrimas y el gozo

Ya que estamos hablando de lágrimas, tal vez valdría la pena reflexionar brevemente sobre el efecto saludable que tienen en nuestras vidas. Nuestras lágrimas no obstaculizan el crecimiento. Nuestras lágrimas aceleran y profundizan el crecimiento. Eso no siempre es cierto, por supuesto. Podemos dejar que nuestras lágrimas nos amarguen en lugar de que nos endulcen. Pero las lágrimas con frecuencia tan solo reflejan que la distracción desaparece. Finalmente nos ponemos en contacto con la realidad y con nosotros mismos. Vemos con más claridad quiénes somos en realidad, en toda nuestra maldad. Vemos con más profundidad quién es Jesucristo, en toda Su ternura.

Cuando reflexionas sobre tu vida, ¿no recuerdas que hubo momentos en los que, sentado solo en tus lágrimas, experimentaste un gozo de certeza profundo y sublime con Dios, que ningún comediante ha podido darte? Si alguien se hubiera acercado a ti en uno de esos momentos y hubiera visto tu rostro lleno de lágrimas, de inmediato habría concluido que estabas angustiado. Pero habría malinterpretado lo que estaba sucediendo. Hubieras mirado hacia arriba y al ver a la persona, es posible que hayas tenido la tentación de interrumpir la incomodidad con una broma rápida, pero eso habría causado que tu gozo se disipara de inmediato.

La Biblia dice:

Mejor es la tristeza que la risa,
porque cuando el rostro está triste el corazón puede estar
contento. (Ecl. 7:3)

Esta declaración en Eclesiastés no pretende ser absoluta; recuerda que esta es la literatura de sabiduría hebrea, y requiere un cierto cuidado para entender su significado. Pero está diciendo «algo». El punto de un texto como este es que la solemnidad de las lágrimas nos hace profundizar en un cierto tipo de solidez y fortaleza de la personalidad que ingresa debajo de la banalidad que informa tanto de nuestras interacciones con los demás e incluso de nuestra autorreflexión solitaria.

La Biblia también dice lo contrario: «Aun en la risa, el corazón puede tener dolor» (Prov. 14:13). Según Proverbios 14, alguien que suele sonreír a menudo puede estar cubriendo un interior adolorido; según Eclesiastés 7, un exterior lloroso a menudo puede adornar una alegría tranquila, profunda y sólida.

Permítete llorar a medida que creces. No reprimas tus emociones. Crecer en Cristo no es todo sonrisas y risas. Deja que tus lágrimas y las heridas que reflejan te lleven a mayor profundidad con Cristo de lo que podría ser de otra manera. Como he escuchado a mi padre decir: «Las heridas profundas nos ayudan a profundizar».

La mortificación

Hasta ahora en este capítulo hemos estado hablando sobre el tipo de dolor que nos llega sin nuestro permiso: sufrimiento, angustia, frustración, limpieza de nuestras vidas en contra de lo que queremos o esperamos. Pero junto a este tipo de dolor en el que somos pasivos hay otro tipo de dolor en el que somos activos. Me refiero a la disciplina milenaria que los teólogos llaman: mortificación. La *mortificación* es solo una palabra teológica para «dar muerte». Se refiere al deber de cada cristiano de matar el pecado. Como dijo Owen en la obra más importante jamás escrita sobre matar el pecado, «Tienes que estar matando el pecado o el pecado te estará matando a ti».[6] Ninguno de nosotros es neutral, nunca. En este momento, cada uno de nosotros que está en Cristo está matando el pecado o siendo asesinado por el pecado. Se está haciendo más fuerte o se está debilitando. Si crees que estás inerte, en realidad estás retrocediendo. No hay piloto automático espiritual. Puede parecer como si estuvieras actualmente en modo neutral, pero nuestros corazones son como jardines: si no estamos arrancando proactivamente las malas hierbas, las malas hierbas están creciendo, incluso si no nos damos cuenta.

La obra de mortificación es para cada cristiano. Los teólogos han hablado durante mucho tiempo de la mortificación como trabajar en conjunto con la vivificación: se está matando y se está vivificando. En la conversión «morimos» de una vez por todas y somos vivificados de una vez por todas. Pero también existe el patrón diario de bajar a la muerte y subir a la vida.

Esta enseñanza sobre la mortificación es la faceta más «activa» de nuestro crecimiento en Cristo. Los otros capítulos de este libro se centran principalmente en lo que recibimos en el evangelio. Así es como debe ser. La salvación cristiana y el crecimiento que

---

6   John Owen, *Overcoming Sin and Temptation*, ed. Kelly M. Kapic y Justin Taylor (Wheaton, IL: Crossway, 2006), 50.

inicia es fundamentalmente un asunto de gracia, rescate, ayuda, liberación: es Dios invadiendo nuestras pequeñas vidas miserables y triunfando gloriosa y persistentemente sobre todo el pecado y el ser que encuentre allí. Pero eso no significa que seamos robots. El versículo en el que John Owen basó su libro sobre la mortificación fue Romanos 8:13: «Porque si ustedes viven conforme a la carne, habrán de morir; pero si por el Espíritu hacen morir [es decir, mortificas] las obras de la carne vivirán». Uno de los puntos clave en los que Owen profundiza en su libro es capturado por la frase: «por el Espíritu». No matamos el pecado a través de los recursos que están en nosotros. Volveremos al Espíritu Santo en el último capítulo de este libro. Pero ahora notamos que incluso el aspecto más activo de nuestra santificación, la faceta donde nuestra propia voluntad está totalmente comprometida, la mortificación de nuestro pecado no es algo que abordemos por nuestra cuenta. Lo hacemos «por el Espíritu».

A medida que nos encontramos siendo derribados por el pecado y la tentación, clamamos al Espíritu por gracia y ayuda, y luego actuamos en dependencia consciente de ese Espíritu, tomando por fe que somos, gracias al Espíritu, capaces de matar ese pecado o resistir esa tentación. El diablo quiere que pensemos que somos impotentes. Pero si Dios el Espíritu está dentro de nosotros, el mismo poder que elevó el cuerpo muerto de Jesús a la vida triunfante es capaz de ejercer ese mismo poder vital en nuestras pequeñas vidas. Como Pablo dijo antes de Romanos 8:13: «Pero si el Espíritu de Aquel que resucitó a Jesús de entre los muertos habita en ustedes, el *mismo* que resucitó a Cristo Jesús de entre los muertos, también dará vida a sus cuerpos mortales por medio de Su Espíritu que habita en ustedes». (Rom. 8:11).

La mortificación versus la autoflagelación

Necesitamos poner sobre la mesa un posible concepto erróneo antes de continuar. Al hablar del dolor como un ingrediente fundamental para nuestro crecimiento, y en especial ahora que hablamos de nuestro «dolor» autoinfligido de mortificación, debemos estar siempre alertas para no ver nuestro dolor como una contribución, de alguna manera, a la obra expiatoria de Cristo. Eso puede parecer obvio, pero la tentación de hacerlo es sutil e insidiosa. Debemos recordar lo que vimos en el capítulo 5 sobre la absolución. En la obra terminada de Cristo, en la cruz, somos liberados por completo de los poderes acusadores del diablo y de nuestras propias conciencias. Al matar el pecado no estamos completando la obra terminada de Cristo; estamos respondiendo a ella. Cristo murió para que nuestro propio éxito o fracaso en cuanto a matar el pecado no sea parte de la fórmula de nuestra adopción en la familia de Dios.

En la Semana Santa de 2009, el *Boston Globe* publicó una historia con imágenes de varias comunidades cristianas de todo el mundo celebrando el Jueves Santo.[7] Una imagen particularmente llamativa fue la de la ciudad de San Fernando en Filipinas, donde varios penitentes católico-romanos fueron fotografiados mientras se arrodillaban ante una iglesia, sin sus camisas y con la espalda ensangrentada, flagelándose en un intento de expiar sus pecados. Con justa razón estamos horrorizados por tal imagen, porque sabemos que la necesidad de este tipo de dolor autoinfligido ha sido maravillosamente erradicada por el sufrimiento de Cristo mismo. Sería una respuesta extraña para un criminal, que ha sido rescatado de la prisión, volver

7   «The Big Picture: News Stories in Photographs», Boston.com, 10 de abril de 2009, http://archive.boston.com/bigpicture/2009/04/holy_week.html

rápidamente al ayuntamiento de la ciudad para pagar él mismo la tarifa de la fianza cuando ya ha sido liberado.

Pero me pregunto si realmente nos tomamos en serio lo que está mal en esa práctica. ¿No es una tentación constante para los cristianos occidentales participar en tal autoflagelación psicológica y emocional, o también físicamente? ¿Cuál es tu respuesta cuando eres consciente de tu pecado? Si eres como yo, sabes que Cristo murió por eso, y estás agradecido. Pero solo para mostrar lo agradecido que estás, o para finiquitar el asunto, para rematarlo, te atormentas un poco psicológicamente. Pero por supuesto, no para agregar conscientemente a la obra de Cristo. Dios no lo quiera. Solo para demostrarle cuánto te importa, para dejar en claro que eres un cristiano «serio». Nada físico. Solo un poco de obediencia externa adicional o servicio formal o aguantar la culpa.

El problema es que todo el mensaje de la Biblia es que si vamos a agregar una cereza de contribución adicional a la obra de Cristo para estar realmente bien, tenemos que proporcionar todo el pastel. Es todo o nada. Y la tragedia es que aunque asentimos teológicamente a la verdad de que no podemos agregar a la obra de Cristo, tratamos de tranquilizarnos emocionalmente ayudando un poco al Señor. Sin embargo, agregar algo para sellar el acuerdo es precisamente lo que creará inquietud sobre si el acuerdo está sellado realmente. ¿Qué pasa si no sellamos el trato lo suficientemente bien?

Ese instinto innato que tenemos de colaborar en la opinión que Dios tiene sobre nosotros usando dosis automedicadas de recompensa que generamos en nuestra humanidad parece muy sensato. Muy razonable. Intuitivo. ¿De qué otra manera viviríamos? Pero la gloria del evangelio es que este intento de ayudar a Dios no solo es innecesario, sino un rechazo de la oferta de Dios en Cristo. No estamos fortaleciendo la opinión que Dios tiene sobre mí, sino estamos atenuándola. No honra la obra sacrificial de Cristo en nuestro nombre; deshonra Su obra. Nos pondrá de mal humor y tensos en lugar de humildes y libres.

Al reflexionar sobre mortificar nuestro pecado, entonces, lo hacemos tan conscientes de que nunca podremos fortalecer la declaración objetiva de «absueltos y justos» que ya es nuestra solo por fe sobre la base de la obra terminada de Cristo únicamente.

El pecado que sofoca

Eso es lo que la mortificación *no es*. No está contribuyendo a la obra expiatoria de Cristo. Entonces, de forma positiva ¿qué es?

En principio, no mortificamos el pecado al mirarlo. Tenemos que ser conscientes de eso, por supuesto. Pero no matamos el pecado de la misma manera en que un soldado mata a un enemigo en la batalla, enfocándose en el enemigo mismo. Matar el pecado es una batalla extraña porque sucede *quitando la mirada del pecado*. Al «ver hacia otro lado» no me refiero a vaciar nuestras mentes y tratar de crear un vacío mental. Me refiero a ver a Jesucristo. De la misma manera que jugar a los autos hechos de caja de fósforos en el jardín delantero pierde su atractivo cuando nos invitan a pasar la tarde en una carrera de NASCAR, el pecado pierde su atractivo cuando nos permitimos ser reencantados una y otra vez con la belleza insuperable de Jesús. Recuerda lo que notamos en el capítulo 1 sobre «las inescrutables riquezas de Cristo» (Ef. 3:8). El pecado se siente como riquezas, pero es riqueza falsa, y uno muy rápidamente toca fondo en sus placeres. No cumplen. Cristo, por otro lado, es una verdadera riqueza, y uno nunca llega al fondo en ellas. Son insondables.

Alimentamos el pecado cuando lo mimamos, lo añoramos, soñamos despiertos con él, le damos rienda suelta. Sofocamos el pecado redirigiendo nuestra mirada a Cristo. Cuando digo «reorientar nuestra mirada», me refiero a mirarlo con «los ojos de sus corazones» (Ef. 1:18). Es un poco extraño que la Biblia hable de una parte del cuerpo que tiene partes del cuerpo, ¿cómo es que un corazón tiene ojos? Pero recuerda que en la Biblia el «corazón» es el centro vivo de todo lo que hacemos, la parte más profunda de nosotros y la fuente de nuestras motivaciones y anhelos más profundos. Las Escrituras nos muestran que aquello a lo que le entregamos nuestro corazón, lo que amamos y deseamos, determina nuestra salud espiritual. Si tenemos una teología sólida como una roca y una amplia conformidad conductual con los mandamientos de Dios y la asistencia perfecta a la iglesia, pero nuestros corazones fluyen contra todo eso y en realidad están buscando notoriedad o cuentas bancarias infladas o cualquier otra cosa, nunca avanzaremos en la mortificación del pecado. ¿Cómo podríamos hacerlo? Si las lealtades más profundas de nuestros corazones pertenecen a otro asunto que no sea Dios, tan solo estamos jugando juegos para actuar como si estuviéramos enfocados en mortificar el pecado. ¿Por qué trataríamos de matar lo que amamos?

Pero cuando nuestros corazones redirigen su mirada al Jesús de la Biblia en toda su gloriosa mansedumbre y deslumbrante amor, el pecado se muere de hambre y empieza a marchitarse. A medida que disfrutamos de las verdades sobre las que este libro ha estado reflexionando, realidades como nuestra unión con Cristo y el abrazo inquebrantable que nos da y la absolución irreversible de Dios para nosotros, entonces, en ese momento, la vida espiritual y el vigor empiezan a crecer, y la sujeción al pecado pierde fuerza. Flavel lo expresa de esta manera: «¿Tendrías tus corrupciones mortificadas? Este es el camino: eliminar los alimentos y el combustible que los sostienen; porque así como la prosperidad engendró y alimentó, así la adversidad, cuando se santifica, es un medio para matarlos».[8]

No hay una técnica especial para mortificar el pecado. Simplemente abre tu Biblia y deja que Dios te sorprenda cada día con la maravilla de Su amor, probado en Cristo y experimentado en el Espíritu.

Luchar es ganar

Tenemos que terminar este capítulo con una nota de esperanza. «A veces es pecado de las personas rectas», dice Flavel, «ejercer una severidad irrazonable contra sí mismas».[9] Continúa asegurando a sus lectores que, si bien pueden mirar dentro de sí mismos y ver todo tipo de suciedad y mucha incredulidad y una variedad de amores desordenados, también pueden ver una chispa de deseo por Dios, un destello de anhelo por Cristo y eso puede tranquilizarlos.

Lo mejor de todo es que deben dejar de mirar dentro de sí mismos y mirar a Cristo. En todo caso, su punto es que la lucha misma refleja la vida. Si no estuviéramos regenerados, simplemente no nos importaría. El anhelo por Cristo, la frustración por nuestras caídas, el deseo de rendirnos plenamente a Dios, estos son los gritos de la vida, incluso si es una vida inmadura. Dios no te dejará ir. Él se asegurará de amarte hasta el cielo.

Mientras tanto, Él te está enseñando a no renunciar a tu proyecto de mortificación. Tus mismos esfuerzos para luchar contra tu pecado angustian a Satanás. Luchar es ganar. C. S. Lewis lo expresó bien en una carta de enero de 1942, y con esta palabra de consuelo cerramos este capítulo:

8   Flavel, *Keeping the Heart*, 45.
9   *Ibid.*, 94.

Sé todo sobre la desesperación de superar las tentaciones crónicas. No es importante si es que la irritabilidad que se ofende, la necesidad por romper récords, la impaciencia, etc. no tienen poder. *No hay suficientes* caídas que realmente acaben con nosotros si seguimos levantándonos una y otra vez. Por supuesto, seremos niños muy embarrados y harapientos cuando lleguemos a casa. Pero los baños están todos listos, las toallas colgadas y la ropa limpia está en el armario.

Lo único terrible sería perder la paciencia y renunciar. Cuando notamos la suciedad es cuando Dios está más presente entre nosotros: es la señal misma de Su presencia.[10]

---

10 Lewis, *Collected Letters*, 3:507; énfasis en el original.

146

8

Respiración

HASTA AHORA TODOS LOS CAPÍTULOS DE ESTE LIBRO han reflexionado sobre temas generales. Realidades como la unión con Cristo, o el abrazo de Cristo, o la absolución ante Dios a través de la maravilla de la justificación, estas son verdades eternas que pasamos toda una vida creyendo e interiorizando en nuestros corazones. Pero ¿cómo lo hacemos día a día y de forma práctica? ¿A través de qué herramientas nuestro corazón absorbe y cree todo esto?

Este capítulo responde a esa pregunta. En verdad, hay muchas respuestas válidas a la pregunta: la importancia de participar con regularidad de las ordenanzas de la iglesia, y ser parte de la comunión cristiana a través de la iglesia local y cultivar amistades cristianas profundas y demás. Pero quiero considerar solo dos prácticas ordinarias, predecibles, maravillosas y vitales: la lectura de la Biblia y la oración.

La forma de pensar sobre estas dos prácticas es a través de la metáfora de la respiración. Leer la Biblia es inhalar. Orar es exhalar.

Nuestro mayor tesoro terrenal

¿Qué es la Biblia? Es tu mayor tesoro terrenal. Tendrás fuerza, crecerás en Cristo, caminarás en gozo y bendecirás este mundo no más de lo que conozcas ese libro. Aquí está la introducción a las Biblias publicada por los Gedeones:

La Biblia contiene la mente de Dios, el estado del hombre, el camino de la salvación, la condenación de los pecadores y la felicidad de los creyentes. Sus doctrinas son santas, sus preceptos son vinculantes, sus historias son verdaderas y sus decisiones son inmutables. Léela para ser sabio, cree que es segura y practícala para ser santo. Contiene luz para dirigirte, comida para sostenerte y consuelo para animarte.

Es el mapa del viajero, el bastón del peregrino, la brújula del piloto, la espada del soldado y el acta del cristiano. Aquí el paraíso es restaurado, el cielo abierto y las puertas del infierno reveladas.

Cristo es su gran sujeto, nuestro bien es su diseño, y la gloria de Dios su propósito. Debe llenar la memoria, gobernar el corazón y guiar los pies. Léela lentamente, con frecuencia y en oración. Es una mina de riqueza, un paraíso de gloria y un río de placer. Te es dada en vida, será abierta en el juicio y será recordada para siempre.

Conlleva la responsabilidad más alta, recompensa el trabajo más grande y condenará a todos los que jueguen con su contenido sagrado.

Cito esto en su totalidad porque estas palabras reverentes nos ponen inevitablemente cara a cara con la sagrada preciosidad de la Biblia. ¿Quién puede leer esto y no querer dar toda su vida a ser un estudiante de la Biblia? Las Escrituras no son un beneficio adicional para una vida bien ordenada que necesita un pequeño impulso más. Las Escrituras están moldeando, alimentando y oxigenando. Es vital. Jesús oró: «Santifícalos en la verdad; Tu palabra es verdad» (Juan 17:17). *Profundo* es un libro sobre la santificación. Jesús dijo que necesitamos la Palabra de Dios, que es la verdad, para que eso suceda.

Reconstruyendo

¿Cómo?

Los seres humanos caídos llegan «mal» a este mundo. No nos vemos a nosotros mismos de la forma correcta, no vemos a Dios correctamente, no entendemos la manera de ser verdaderamente felices, ignoramos hacia dónde se dirige toda la historia humana y no tenemos la sabiduría que hace que la vida funcione bien y demás. La vida cristiana (nuestro crecimiento en Cristo) no es otra cosa que la deconstrucción de por vida de lo que naturalmente pensamos y suponemos, y la reconstrucción de la verdad a través de la Biblia. Imagina un edificio que ha sido edificado por constructores no capacitados y, por lo tanto, es un completo desastre: pisos desnivelados, ventanas del tamaño incorrecto, colores de pintura que no combinan, tejas del techo que faltan e incluso los cimientos fuera de su centro. Eso somos nosotros. La Biblia es la herramienta todo-en-uno, universal, de fuerza industrial por la cual el Arquitecto divino nos vuelve a construir de la manera en la que estábamos destinados a ser.

Tendemos a pensar que somos puestos en esta tierra para hacernos un nombre. La Biblia desarticula esa idea y la reemplaza con el conocimiento de que somos puestos aquí para difundir la reputación y el honor de Dios. La Biblia desarticula eso e insiste en que Dios nos acepta cuando dejamos el intento de ofrecerle a Dios algo propio y, en cambio, recibimos Su favor basado en la obra de Su propio Hijo. Tendemos a pensar que no valemos mucho y que somos insignificantes en la gran estructura de la realidad. La

Biblia desarticula eso y nos dice que estamos hechos a la imagen de Dios con dignidad inherente y que fuimos hechos para gobernar el cosmos en gloria eterna. Tendemos a pensar que las cosas de este mundo, como la comida, el sexo y las largas vacaciones, satisfacen nuestras almas. La Biblia desarticula eso y nos enseña que los dones nunca pueden saciar la sed de nuestra alma; solo el Dador puede hacer eso.

Y así sucesivamente. La Biblia nos reeduca. La Biblia hace sabios a los tontos. Nos corrige.

Oxígeno

Pero tenemos que ir más profundo. La Biblia no solo nos corrige; también nos oxigena. Necesitamos una Biblia no solo porque estamos equivocados en nuestras mentes, sino también porque estamos vacíos en nuestras almas.

Por eso me gusta la metáfora de la respiración. Tomar una gran respiro en nuestros pulmones nos llena de aire fresco, nos da oxígeno, nos calma, proporciona enfoque y trae claridad mental. Lo que la inhalación hace por nosotros físicamente, la lectura de la Biblia lo hace por nosotros espiritualmente.

En este mundo cambiante e incierto, Dios nos ha dado palabras reales. Palabras concretas, inmóviles, fijas. Podemos ir a la roca de las Escrituras en medio de las arenas movedizas de esta vida. El día de mañana tu Biblia va a tener las mismas palabras que tiene hoy. Los amigos no pueden darte eso, entrarán y saldrán de tu vida, leales hoy pero ausentes mañana. Los padres y su consejo morirán. Tu pastor no siempre estará disponible para atender tu llamado. El consejero que te ha dado esa instrucción sabia algún día se retirará, o tal vez se mudará fuera de la ciudad. Pero puedes levantarte de la cama mañana por la mañana y cualquier pensamiento estresante que llegue a tu mente, incómodamente a través de tu horizonte mental mientras te lamentas con las ansiedades del día, tu amiga, la Biblia, es infaliblemente estable. Se encuentra allí, esperando que la abras, ansiosa por estabilizarte en medio de todas las preguntas sin respuesta que tienes ante ti ese día. Te dará lo que necesitas y no te evadirá. Nuestra sabiduría más verdadera y nuestra única seguridad es edificar nuestra vida sobre sus palabras (Mat. 7:24-27).

De hecho, no deberíamos estar hablando de «eso» sino de «ella». A través de las Escrituras, Dios mismo se dirige a nosotros. La razón por la que la Biblia no cambia y se mueve es que Dios no cambia y se mueve. Tu Biblia no es solo el mejor libro que hay entre todos los libros que existen. La Biblia es un «tipo» diferente de libro. Es de otra clase. Es similar a otros libros porque está encuadernada entre dos portadas y está llena de pequeñas letras negras que incluyen palabras en todas partes. Pero la Biblia es diferente de otros libros, así como la lluvia es diferente de la manguera de tu jardín: viene de arriba y proporciona un tipo de nutrición que excede lo que nuestros propios recursos pueden proporcionar.

¿Por qué? Porque el autor de la Biblia es Dios, y Dios sabe exactamente lo que nos sustentará. Sí, los autores humanos escribieron cada libro de la Biblia. Pero ellos «inspirados por el Espíritu Santo hablaron de parte de Dios» (2 Ped. 1:21). ¿Quién escribió la Biblia, Dios o los humanos? Ambos, en ese orden. Dios le dijo a Jeremías: «Yo he puesto Mis palabras en tu boca» (Jer. 1:9). Esa es precisamente la forma de comprender las Escrituras: Dios puso Sus palabras en boca humana. De verdad las palabras son de Dios, pero Él las dio a través de las distintas personalidades y bancos de palabras de los autores humanos. Esta es la razón por la cual la elegancia simple de Juan puede diferir con notoriedad de la sencillez y del lenguaje escueto de Marcos o de las frases floridas y largas de Pablo, mientras que las tres son verdaderas y están hablando por completo las palabras de Dios.

Debido a que la Biblia fue escrita en otros idiomas, hebreo, arameo y griego, seremos alimentados al máximo por las Escrituras en la medida en que estemos leyendo una traducción de la Biblia que muestre cuál es la redacción original, con la máxima transparencia pero con un español legible y digno.[1] Cualquier cristiano que se tome el tiempo para aprender algo de los idiomas originales se beneficiará mucho de todo el tiempo que invierta en eso. La salud de la iglesia depende del conocimiento de los idiomas originales, y los pastores y líderes de la iglesia deben llamar a sus miembros, cualquiera que esté interesado, a aprender los idiomas junto con ellos.[2]

Un libro de buenas noticias

Sin embargo, muchos de nosotros no nos acercamos a la Biblia para oxigenarnos, sino para sofocarnos. Vemos la Biblia en la mesa de noche. Sabemos que debemos abrirla. A veces lo hacemos. Pero con frecuencia es un deber que nos cuesta. La vida es lo suficientemente exigente, pensamos. ¿Realmente necesito más exigencias? ¿Tengo que escuchar aún más instrucciones que me digan cómo vivir?

Esa es una sensación comprensible. Pero está tristemente equivocada. Esto me lleva al aspecto central que quiero decir sobre la Biblia a medida que continuamos pensando sobre cómo los verdaderos

---

1   [Nota del editor:] En español, la Nueva Biblia de las Américas es la mejor traducción disponible hoy en día para ese fin.

2   Una introducción excelente a la importancia de aprender los idiomas bíblicos es Dirk. Jongkind, *An Introduction to the Greek New Testament Produced at Tyndale House, Cambridge* (Wheaton, IL: Crossway, 2019).

pecadores obtienen el impulso para un cambio real en sus vidas. La Biblia es una buena noticia, no son palabras de ánimo. Son «noticias». ¿Qué son las noticias? Es informar sobre algo que ha sucedido. La Biblia es como la primera página del periódico, no la columna de consejos. Sin duda, la Biblia también tiene mucha instrucción. Pero las exhortaciones y mandamientos de las Escrituras nacen del mensaje central de la Biblia, como las costillas que nacen de la columna vertebral o las chispas de un incendio o las reglas de la casa para los niños. Pablo dijo que el Antiguo Testamento fue escrito para que «por medio de la paciencia y del consuelo de las Escrituras tengamos esperanza» (Rom. 15:4). Él dijo: «Las Sagradas Escrituras [...] pueden dar la sabiduría que lleva a la salvación mediante la fe en Cristo Jesús» (2 Tim. 3:15). La Biblia es ayuda, no opresión. Se da para mantenernos a flote en la vida, no para arrastrarnos hacia abajo. Son nuestros pensamientos oscuros sobre Dios los que nos hacen evitar abrirla y rendirnos ante ella.

Expresar aburrimiento respecto a la Biblia es como que alguien con asma severa bostece con aburrimiento ante el ofrecimiento de un respirador, mientras se ahoga y no puede respirar. No leas la Biblia preguntando *principalmente* a quién imitar y cómo vivir, sino léela preguntándote qué nos muestra sobre un Dios que ama salvar y sobre los pecadores que necesitan ser salvados. En otras palabras, los primeros capítulos de este libro que describen a Jesús y la unión con Cristo y la justificación y el amor de Dios, cada uno de estos capítulos es en sí mismo un camino hacia el mensaje central de la Biblia.

Tal vez parezca obvio que la Biblia son una buenas noticias. ¿De qué otra manera la leeríamos? Aquí hay nueve maneras comunes pero incorrectas de leer la Biblia:

1. *El enfoque cálido y difuso*: Leer la Biblia para una experiencia entusiasta y subjetiva de Dios, provocada por las palabras del texto, ya sea que entendamos lo que realmente *significan* o no. Resultado: Lectura banal.

2. *El enfoque gruñón*: Leer la Biblia casi sin propósito, salvo esa sensación de que, por el día, debemos quitarnos a Dios de encima. Resultado: Lectura resentida.

3. *El enfoque de la mina de oro*: Leer la Biblia como una mina enorme, profunda y oscura, en la que uno, de vez en cuando, tropieza con una pepita de inspiración. Resultado: Lectura confusa.

4. *El enfoque del héroe*: Leer la Biblia como el salón de la fama de la moralidad que nos da un ejemplo tras otro de gigantes espirituales heroicos para imitar. Resultado: Lectura desesperanzada.

5. *El enfoque de las reglas*: Leer la Biblia en busca de mandamientos que se deben obedecer para reforzar con sutileza una sensación de superioridad personal. Resultado: Lectura farisaica.

6. *El enfoque de Indiana Jones*: Leer la Biblia como un documento antiguo sobre eventos en el Medio Oriente de hace unos miles de años que son irrelevantes para mi vida hoy. Resultado: Lectura aburrida.

7. *El enfoque de la bola mágica*: Leer la Biblia como una hoja de ruta que me dice dónde trabajar, con quién casarme y qué auto comprar. Resultado: Lectura ansiosa.

8. *El enfoque de las fábulas de Esopo*: Leer la Biblia como una colección suelta de historias bonitas unidas de forma independiente, cada una con una buena moraleja al final. Resultado: Lectura desconectada.

9. *El enfoque de la doctrina*: Leer la Biblia como un archivo teológico de donde saquear municiones para nuestro próximo debate de teología en Starbucks. Resultado: Lectura fría.

Hay algo de verdad en cada uno de estos enfoques. Pero hacer de cualquiera de ellos el lente dominante a través del cual leemos las Escrituras es convertir la Biblia en un libro que nunca tuvo la intención de ser. La manera correcta de leer la Biblia es el *enfoque del evangelio*. Esto significa que leemos cada pasaje, como uno que, de alguna manera contribuye a la historia única y general de las Escrituras, que culmina en Jesús.

Así como no te lanzarías en paracaídas al medio de una novela, o no leerías un párrafo fuera de contexto ni esperarías entender todo lo que significa, no puedes esperar entender todo lo que significa un pasaje de las Escrituras sin trazarlo en el gran arco de la narrativa de la Biblia. La historia principal de la Biblia es que Dios envió a Su Hijo, Jesús, para hacer lo que Adán e Israel y nosotros mismos hemos fallado en hacer: honrar a Dios y obedecerle plenamente. Cada palabra en la Biblia contribuye a ese mensaje. Jesús mismo lo dijo. En un debate teológico con la élite religiosa de la época, Jesús les dijo a aquellos que afirmaban ser fieles a Moisés y, por lo tanto, opuestos a Cristo: «Si creyeran a Moisés, me creerían a Mí, porque *de Mí escribió él*» (Juan 5:46). Jesús les dijo a Sus discípulos: «Era necesario que se cumpliera todo lo que *sobre Mí* está escrito en la ley de Moisés, en los profetas y en los Salmos» (Luc. 24:44), esos tres grupos de libros son una abreviatura para referirse a todo el Antiguo Testamento.

La Biblia es una buena noticia. Debe leerse como evangelio. El resultado de este enfoque es la transformación de la lectura. Crecemos. Como dijo Lutero:

Aquel que lea correcta y provechosamente la Escritura debe asegurarse de encontrar a Cristo en ella; entonces encuentra la vida eterna sin falta. Por otro lado, si no estudio y entiendo a Moisés y a los profetas para encontrar que Cristo vino del cielo por causa de mi salvación, se hizo hombre, sufrió, murió, fue sepultado, resucitó y ascendió al cielo para que a través de Él disfrute de la reconciliación con Dios, el perdón de todos mis pecados, la gracia, justicia, y vida eterna, entonces mi lectura de las Escrituras no es de ninguna ayuda para mi salvación.

Por supuesto, puedo convertirme en un hombre erudito leyendo y estudiando las Escrituras y predicando lo que he adquirido; sin embargo, todo esto no me haría ningún bien.[3]

El hábito que define

Así que mientras buscas crecer en Cristo al convertirte en un ser humano más profundo, acepta y asimila la verdad de que avanzarás a mayor profundidad con Cristo en la medida en la que te adentres en las Escrituras. Leer las Escrituras es leer de Cristo. Leerlo es escuchar Su voz. Escuchar Su voz de consuelo y consejo es escuchar una invitación a convertirte en el ser humano que Dios te ha destinado a ser.

Así que incluye la lectura de la Biblia en tu vida de la misma manera en la que incluyes el desayuno en tu vida. Después de todo, los humanos somos criaturas que creamos hábitos. Nuestro café de la mañana, nuestro postre de la tarde, la forma en la que cuidamos nuestros vehículos, nuestras formas para desestresarnos, como correr, ver películas u observar aves, y todos nuestros hábitos reflejan un

---

3   Martín Lutero, *Sermons I* en *Luther's Works*, ed. Jaroslav Pelikan y Helmut T. Lehmann, 55 vols. (Filadelfia: Fortress, 1955-1986), 51:4.

gusto adquirido, durante un largo período de tiempo, lo que resulta en rituales diarios sin los cuales sentimos que no hemos vivido un día normal. Quiero decirte: *Haz de la Biblia el ritual central de tu día.* Haz que sea el hábito sin el cual sientas que no has vivido un día normal. De ninguna manera dejes que esto se convierta en una ley que te ejerza y te condene. El favor de Dios no se debilita cuando no lees la Biblia algunos días. Pero considérate desnutrido si saltarte esa comida espiritual se vuelve algo normal. Lucha para mantenerte saludable. Mantente conectado a la vía intravenosa del evangelio y ayuda y aconseja y promete leyendo la Biblia todos los días. Saca vida y fortaleza de las Escrituras.

Para volver a nuestra metáfora original: toma tu alma asmática en una mano y el tanque de oxígeno de la Biblia en tu otra mano, y une las dos. Leer la Biblia es inhalar.

Exhalando

Y orar es exhalar. Inhala, exhala. Tomamos las palabras vivificantes de Dios, y las respiramos de nuevo a Dios en oración.

La razón por la que quería incluir tanto a las Escrituras como a la oración en un solo capítulo de este libro sobre crecer en Cristo es para subrayar cuán interrelacionados y mutuamente dependientes son. Podemos pensar fácilmente en estas dos disciplinas como actividades independientes. Leemos la Biblia y oramos. Pero la manera más efectiva de orar es convertir tu lectura de la Biblia en oración.[4] Y la mejor manera de leer la Biblia es orando.

¿Cómo encaja la oración en este libro? Este es un libro sobre crecer en Cristo. El tema que me hace eco una y otra vez es que la vida

---

4 Una guía muy útil y práctica para este fin es Donald S. Whitney, *Orando la Biblia* (Nashville, TN: B&H Español, 2016).

cristiana no es en el fondo un asunto de hacer más o comportarse mejor, sino de profundizar más. El énfasis principal que he querido dar es que crecemos específicamente profundizando en el evangelio, en el amor de Cristo y en la experiencia de nuestra unión con Él. Al pensar ahora en la oración, esto es lo que estamos haciendo: estamos reflexionando sobre la forma en la que nuestras almas deben ir hacia Dios en Cristo para desear, anhelar, recibir, habitar, agradecerle por Su amor infinito. El evangelio viene a nosotros en las Escrituras, y en oración lo recibimos y lo disfrutamos.

Dicho de otra manera, conectar la oración con la lectura de las Escrituras es simplemente reconocer que Dios es una persona real con quien los creyentes tienen una relación real, en cada momento. La Biblia es Dios hablándonos; la oración es nuestra conversación con Él. Si no oramos, no creemos que Dios es una persona real. Podemos decir que sí. Pero en realidad no lo hacemos. Si no oramos, en realidad pensamos que es una fuerza impersonal de algún tipo, una especie de ideal platónico, distante y alejado, poderoso pero abstracto. No lo vemos como un *Padre*.

Niños hablando con papá

Nunca tuve que decirles a mis hijos que intentaran empezar a hablar. Con la misma naturalidad con la que empezaron a respirar cuando nacieron, empezaron a tratar de hablar cuando tenían varios meses de edad. El impulso de hablar era inherente en ellos.

Del mismo modo, los hijos de Dios encuentran naturalmente dentro de sí mismos el impulso de hablar con su Padre celestial. Romanos y Gálatas nos hablan del impulso balbuceante de hablar con nuestro Padre que viene cuando somos habitados por el Espíritu: clamamos «¡Abba, Padre!» (Rom. 8:15; Gál. 4:6). Este es un grito de intimidad, de dependencia; el llanto de un niño. A menudo no sabemos exactamente qué o cómo orar. Jesús nos dio el Padrenuestro para ayudarnos. Pero otra ayuda es simplemente el Espíritu burbujeando en nuestro interior, unido a una mente llena de las Escrituras, llevándonos al cielo con los balbuceos de un niño. Jesús nos dijo qué orar; pero cuando no sabemos qué orar, «el Espíritu mismo intercede *por nosotros* con gemidos indecibles» (Rom. 8:26). Hemos sido unidos a Cristo por el Espíritu, y por lo tanto Dios vive dentro nuestro, cuando no podemos orar, en cierto sentido, *Dios ora por nosotros*, «*el Espíritu mismo* intercede por nosotros».

Entonces nos movemos a través de nuestro día orando. La Biblia dice: «Oren sin cesar» (1 Tes. 5:17). Eso puede sonar algo imposible de lograr. ¿Cómo voy a comer, dormir y hablar con mis amigos si se supone que debo estar orando todo el tiempo? Pero ese no es el punto de este texto, el punto es simplemente andar por la vida orando en lugar de *solo* apartar unos minutos por la mañana o por la noche para orar. Sin duda, los tiempos planificados de oración enfocada son indispensables. Pero si eso es todo lo que hacemos, si nuestra única oración durante todo el día es un par de minutos segmentados orando a través de una lista de temas, no lo conocemos como Padre. No hemos interiorizado profundamente las realidades que reflexionamos previamente en este libro: quién es Jesucristo con más profundidad y nuestra unión esencial con Él y más.[5]

¿Qué le dirías a una hija de diez años que nunca habló con su padre, nunca le pidió nada, nunca le agradeció, nunca le expresó amor, a pesar de sus muchas expresiones de amor hacia ella?

5 El mejor libro que conozco sobre oración, y uno que habla del aspecto de pasar el día orando con conciencia de tu estado adoptivo, es Paul E. Miller, *A Praying Life: Connecting with God in a Distracting World*, ed. rev. (Colorado Springs: NavPress, 2017).

Concluirías que ella creía que tenía un padre solo en la teoría, pero no en la realidad. Solo podrías concluir que el amor de su padre no era *real* para ella.

Anda a través de tu día orando. Deja que Dios sea tu Padre en cada momento. Escucha Su voz en las Escrituras por la mañana, y convierte esa Escritura en oración y luego deja que ese tiempo con Él, esa comunión de ida y vuelta te envíe a tu día en comunión con Él todo el día.

El libro de oraciones de la Biblia

Al pensar en la oración en la vida cristiana, necesitamos hacer una pausa y reflexionar sobre el único libro de la Biblia que es en sí mismo una serie de oraciones: el libro de los Salmos. He dicho que la Biblia es Dios hablándonos. Pero los Salmos son el único libro en la Biblia dirigido a Dios. En ese libro Dios nos toma de la mano y nos da palabras para hablarle. Los salmos son oraciones.

Así que te propongo, a medida que creces en Cristo, que formes el hábito fundamental de hacer del libro de los Salmos tu compañero de por vida. Hazte amigo de los Salmos de manera profunda. Nunca pases demasiado tiempo sin hacerlos tus propias oraciones. Dan voz, voz sagrada, a cada circunstancia, a cada emoción, a cada angustia que atravesamos en este desierto caído de mundo. Con más precisión, los salmos entrenan nuestros corazones en la dirección del evangelio. Nos llevan a las verdades grandes, gloriosas y básicas que amamos y que confesamos, de una manera más central, la cruz de Cristo, que nos perdona y es nuestro modelo para la vida. Juan Calvino escribió:

> Aunque los salmos están repletos de todos los preceptos que sirven para enmarcar nuestra vida en cada aspecto de santidad, piedad

y justicia, sin embargo, principalmente nos enseñarán y entrenarán para llevar la cruz; y llevar la cruz es una prueba genuina de nuestra obediencia, ya que al hacer esto, renunciamos al consejo de nuestros propios afectos y nos sometemos completamente a Dios, dejándolo gobernarnos y disponer de nuestra vida según Su voluntad, para que las aflicciones que son las más amargas y severas para nuestra naturaleza se vuelvan dulces para nosotros, porque proceden de Él.

Es decir, no solo encontraremos aquí alabanzas generales de la bondad de Dios que pueden enseñar a las personas a reposar solamente en Él, sino que también encontraremos que la libre remisión de los pecados, la única que reconcilia a Dios hacia nosotros y nos da una paz estable con Él, está tan establecida y magnificada, que aquí no hay nada que queramos que se relacione con el conocimiento de la salvación eterna.[6]

Al leer los salmos sin prisa, meditando, permitiéndoles dar voz a las angustias de tu propio corazón, te encontrarás pensando: «Estos poetas me conocen». De hecho, me conocen mejor de lo que yo me conozco a mí mismo. Ellos ven mi pecado con más claridad que yo. Ellos ven la sorprendente abundancia de la redención de Dios con más claridad que yo. En resumen, me llevan más profundo y así fomentan mi crecimiento en Cristo.

Inhala, exhala

En mayo de 2020, el *Wall Street Journal* publicó un artículo de James Nestor titulado *The Healing Power of Proper Breathing*

---

6   Juan Calvino, «Preface to the Commentary on the Psalms», en *John Calvin: Writings on Pastoral Piety*, ed. Elsie McKie (Nueva York: Paulist, 2001), 58.

[El poder curativo de la respiración adecuada]. La leyenda bajo el titular decía: «La forma en que inhalamos y exhalamos tiene profundos efectos en nuestra salud».[7] Eso es todo lo que quiero decir en este capítulo, espiritualmente hablando.

No intentarías ir por la vida conteniendo la respiración. Así que no vayas por la vida sin leer la Biblia y orar. Deja que tu alma respire. Oxigenarse con la Biblia y exhalar el CO_2 de la oración mientras le respondes a Dios tu asombro, tu angustia y tu espera. Él no es una fuerza, no es un ideal, no es una máquina. Él es una persona. Mantén abierto el canal entre tu pequeña vida y el mismo cielo a través de la Biblia y la oración.

A medida que lo hagas, crecerás. No lo sentirás día a día. Pero llegarás al final de tu vida como un hombre o una mujer radiante y sólido. Habrás dejado a tu paso el aroma del cielo. Habrás bendecido al mundo. Tu vida habrá importado.

7   James Nestor, *The Healing Power of Proper Breathing*, *Wall Street Journal* (sitio web), 21 de mayo de 2020, https://www.wsj.com/articles/the-healing-power-of-proper-breathing-11590098696.

9

Sobrenatural

EN SU LIBRO *THE TAPESTRY* [El tapiz], Edith Schaeffer relata una conversación motivada por una pregunta que le hizo su esposo, Francis:

«Edith, me pregunto qué pasaría con la mayoría de las iglesias y el trabajo cristiano si despertáramos mañana, y todo lo relacionado a la realidad y la obra del Espíritu Santo, y todo lo relacionado a la oración, fueran eliminados de la Biblia. No me refiero simplemente ignorado, sino realmente amputado, como si desapareciera. Me pregunto cuánta diferencia haría».

Llegamos a la conclusión de que no haría mucha diferencia en muchas reuniones de la junta, reuniones de comités, decisiones y actividades.[1]

La inercia natural en todo nuestro ministerio y vida cristiana es hacer todo a partir de nuestros propios recursos, pidiéndole a Dios que agregue Su bendición a nuestros esfuerzos. Así es como todos tendemos a funcionar sin siquiera darnos cuenta, incluso

---

1   Edith Schaeffer, *The Tapestry: The Life and Times of Francis and Edith Schaeffer* (Waco, TX: Word, 1981), 356.

como creyentes, de que hemos nacido de nuevo. Pero es al revés. Cuando tienes un motor de un Lamborghini debajo del capó, es extraño tratar de hacer que tu auto funcione como Pedro Picapiedra, usando la potencia de tus propias piernas en el suelo. Tener toda la doctrina correcta, pero sin fuego ni vida, solo nos hará aún más dispuestos al juicio en el día final. El fuego y la vida, la energía y el poder, el destello del cielo que todos anhelamos ser, esto solo viene a una vida que se ha rendido de todo corazón al Espíritu y a Sus formas apacibles, misericordiosas, humildes y arriesgadas.

Este capítulo final reflexiona sobre la única manera de hacer que los ocho capítulos anteriores funcionen en tu vida: caminando con el Espíritu que mora en ti.

El Padre ordena la salvación, el Hijo logra la salvación y el Espíritu aplica la salvación. En otras palabras, no hay vida cristiana sin el Espíritu. La vida cristiana es puramente teórica si no hay trabajo del Espíritu. Todo lo que «experimentamos» de Dios es la obra del Espíritu. Eso es cierto en la conversión, cuando el Espíritu abre nuestros ojos a nuestro pecado y a la oferta salvadora de Cristo. También es cierto en nuestro crecimiento.

Lo más importante que quiero decir en este capítulo es esto: es por el Espíritu que *puedes crecer*. Realmente puedes. Esos sentimientos de vanidad, esa sensación de imposibilidad, la resignación constante de que te has estancado permanentemente, eso no es del cielo sino del infierno. Satanás ama que te conformes y te encojas de hombros ante tu pecado. Lo que Jesucristo más anhela para ti es un crecimiento floreciente. Él entiende con más profundidad que tú la psicología del corazón que alimenta el pecado, el cual parece que no puedes dejar atrás de una vez por todas. Él está bien preparado y totalmente equipado para sacarte de esa oscuridad. Porque Él te ha dado el don más precioso de todos: Su propio Espíritu Santo. Todo lo dicho hasta ahora en este libro sería totalmente abstracto sin el Espíritu. Todo sería una buena teoría, nada más. El Espíritu da vida, convirtiendo la doctrina en poder.

El Espíritu Santo es cómo Dios entra dentro tuyo. Si eres cristiano, ahora estás permanentemente habitado por el Espíritu, y si estás permanentemente habitado por el Espíritu, entonces has sido «sobrenaturalizado».

Ya no eres solo tú. No estás solo. Tienes un compañero viviendo dentro de ti. Él está allí para quedarse, y provee todo lo que necesitas para crecer en Cristo.

Si eliges permanecer en tus pecados, no podrás presentarte ante Dios un día y decirle que Él no te dio los recursos.

La nueva era

Para entender lo que hace el Espíritu Santo y cómo nos da poder para crecer, primero necesitamos entender dónde estamos en la historia humana.

Cuando Jesús apareció, dijo: «El tiempo se ha cumplido» (Mar. 1:15). Pablo dijo que «ha llegado el fin de los siglos» (1 Cor. 10:11). Pedro escribió que con la venida de Jesús estamos «en estos últimos tiempos» (1 Ped. 1:20). Juan dijo: «Es la última hora» (1 Jn. 2:18). Aparentemente, todos los apóstoles entendieron que algo trascendental había sucedido en la escena de la historia del mundo. ¿Qué quisieron decir?

Es normal pensar que toda la historia humana es una historia continua, la misma que será llevada a su culminación final el día que Jesús regrese. Pero según la Biblia, el punto de inflexión más decisivo de la historia ya ha ocurrido, esto es, cuando Jesús vino, y en especial cuando murió y resucitó. Dios no estaba tan solo proporcionando la salvación, sino que también estaba iniciando una nueva creación. El fin de la historia, cuando el Edén 2.0 limpiaría este mundo miserable, empezó de nuevo a la mitad de la historia. ¿Eso suena como una exageración? Piénsalo de esta manera. ¿Qué anticipó el Antiguo Testamento que ocurriría en el fin del mundo?

1. La caída desastrosa al pecado, en el Edén, realizada por Adán sería deshecha.
2. Dios haría una nueva creación.
3. El pecado y el mal serían juzgados.
4. Dios triunfaría de una vez y para siempre sobre Sus enemigos.
5. El pueblo de Dios sería vindicado.
6. Las naciones del mundo acudirían en masa a Jerusalén.
7. El Mesías vendría.
8. Iniciaría el reino de los últimos días.
9. Los muertos serían resucitados.

Cuando llegamos al Nuevo Testamento, no encontramos a los apóstoles uniéndose a la expectativa del Antiguo Testamento de estos eventos finales, encontramos a los apóstoles declarando que *cada una de estas esperanzas se ha cumplido.*

1. Un segundo Adán ha triunfado de la misma manera que el primer Adán cayó; por ejemplo, ambos fueron tentados por Satanás, uno sucumbió y el otro no (Luc. 3:38-4:13). Esto no solo sucedió al inicio de Su ministerio, sino en todo momento, Jesús ha demostrado ser un Adán exitoso: Cristo exorcizó demonios, por ejemplo, mientras que Adán no pudo expulsar a Satanás del jardín.

2. La nueva creación de Dios ciertamente ha amanecido (2 Cor. 5:17; Gál. 6:15).

3. El pecado *fue* juzgado de una vez por todas en la crucifixión de Jesús. Cuando Cristo fue crucificado, estaba experimentando el juicio final del fin de los tiempos, todo canalizado hacia un solo hombre (Rom. 5:9; 1 Tes. 5:9).

4. Cuando Jesús fue crucificado, Dios triunfó definitivamente sobre Sus enemigos (Col. 2:13-15).

5. Como los «justificados», el pueblo de Dios *ya* ha sido vindicado (Rom. 5:1). La declaración de «inocente» esperada al final de todas las cosas ha sido pronunciada en el presente basada en un evento de mitad de la historia.

6. Los gentiles *ahora* están llegando como nunca antes (Rom. 15:8-27).

7. El Mesías *ya* ha llegado a la escena de la historia humana (Rom. 1:3-4).

8. Como Jesús mismo dijo, el reino está aquí (Mar. 1:15; comp. Hech. 20:25; 28:31; Rom. 14:17). Ahora estamos *en* los últimos días (Heb. 1:2).

9. En Cristo, los muertos *ya* han resucitado, aún no corporalmente, sino espiritualmente, que es la parte más difícil. Ser cristiano es ser alguien que ha sido «resucitado con Cristo» (Ef. 2:6; Col. 3:1).

Todo esto es glorioso. Pero hay un indicador adicional de que la nueva era ha llegado. Junto con la venida del Mesías, que es el más importante. *El Espíritu sería derramado.* Geerhardus Vos demostró esto en un artículo influyente llamado *The Eschatological Aspect of the Pauline Conception of the Spirit* [El aspecto escatológico de la concepción paulina del Espíritu].[2] Su punto era que en la teología de Pablo, el descenso del Espíritu Santo era «la» marca que definía que la nueva era había empezado.

El Espíritu Santo estaba activo en los tiempos del Antiguo Testamento, pero de forma selectiva. El Espíritu vino sobre Bezalel y Aholiab, por ejemplo, para equiparlos para la construcción del tabernáculo en el que Dios moraría (Ex. 31:1-6). Pero en el Nuevo Testamento, el Espíritu viene sobre todo el pueblo de Dios; *ellos mismos* son el tabernáculo en el que Dios mora. El Espíritu es un don universal para todo el pueblo de Dios. El Espíritu es la continuación, por así decirlo, de Jesús mismo. Jesús habló de que Su partida era necesaria para que el Espíritu pudiera venir (Juan 16:7; comp. 14:12-17). En el Espíritu, tenemos algo más maravilloso que aquellos que hablaron y comieron con el mismo Jesús. La llegada de este Espíritu marca el inicio de la nueva creación.

Lo primero que hay que aclarar, entonces, es que si eres cristiano, has sido sacado de la vieja era y has sido colocado en la nueva era. La presencia del Espíritu en tu vida es la prueba. El pecado, el dolor y la vanidad continúan en tu vida, porque la presencia de la nueva era no erradicó la vieja era, sino que la superpuso. Esta es la razón por la que los teólogos hablan de «la superposición de los tiempos». En lugar de que la vieja era se detuviera cuando empezó la nueva era, la nueva era empezó en medio de la vieja era. Cuando Jesús regrese, entonces la vieja era será interrumpida. Pero no dejes que la presencia continua de la vieja era te ciegue a la maravillosa ruptura que hace dos mil años trajo la nueva era.

2   Geerhardus Vos, «The Eschatological Aspect of the Pauline Conception of the Spirit», en *Redemptive History and Biblical Interpretation: The Shorter Writings of Geerhardus Vos*, ed. Richard B. Gaffin Jr. (Phillipsburg, NJ: Presbyterian and Reformed, 1980), 91–125.

Eres una criatura escatológica. Sin duda, no serás perfecto en esta vida. No podemos estar treinta segundos libres de la enfermedad mental del ser que nos informa lo que pensamos y deseamos. Pero no hay pecado en tu vida que sea más poderoso que el Espíritu Santo. No hay nada que no puedas superar. Tu ciudadanía está ahora en el cielo. Tienes un Amigo interior que está preparado y equipado y listo ahora, ahora mismo, para sacarte de tu pecado más oscuro. Tu documento de identidad espiritual coloca tu dirección, incluso ahora mismo, en el cielo.

Tres clases de hombres

Un problema que puede surgir en tu mente es que el comportamiento recto en realidad parece ser posible sin el Espíritu. ¿Acaso no hay muchos seres humanos decentes que no son habitados por el Espíritu? Sin duda. Esto se debe a que todas las personas son creadas a imagen de Dios, y la gracia común y universal de Dios restringe mucho mal que de otro modo sería ejecutado.

Pero aun así, podrías preguntarte, ¿realmente necesitamos el Espíritu para vivir una vida moral? La respuesta es que no necesitamos al Espíritu para vivir una vida moral, pero sí necesitamos al Espíritu para vivir una vida sobrenatural. En otras palabras, no necesitamos al Espíritu para ser diferentes en el exterior; necesitamos al Espíritu para ser diferentes por dentro. Una vez más: no necesitamos al Espíritu para obedecer a Dios; necesitamos al Espíritu para *disfrutar* nuestra obediencia a Dios. Ese es el único tipo de obediencia real a fin de cuentas, ya que disfrutar de Dios es en sí mismo uno de los mandamientos de Dios (Deut. 28:47; Sal. 37:4; Fil. 4:4).

Así que podemos alejar a Dios rompiendo todas las reglas, o podemos alejar a Dios guardando todas Sus reglas, pero haciéndolo a regañadientes.

C. S. Lewis captura esto de forma brillante en su pequeño ensayo *Three Kinds of Men* [Tres tipos de hombres]. Él dice que no hay dos sino tres tipos de personas en el mundo. El primero consiste en aquellos que viven por completo para sí mismos, y todo lo que hacen sirve para satisfacer sus propias preocupaciones egoístas. El segundo tipo son aquellos que reconocen que hay algún código fuera de ellos que deben seguir, ya sea la conciencia o los Diez Mandamientos o lo que sus padres les enseñaron o lo que sea. Lewis dice que las personas de este segundo tipo ven esta otra demanda moral sobre ellos, pero sienten una tensión entre esa demanda moral externa y sus propios deseos naturales. Como resultado, están oscilando de forma constante de un lado a otro entre perseguir sus propios deseos y seguir esta demanda superior. Lewis relaciona esta tensión, de manera profunda, con la idea de pagar un impuesto: las personas en esta segunda categoría pagan sus impuestos fielmente, pero esperan que les quede algo para gastar en sí mismos.

Algunas personas desechan todas las reglas (grupo 1). Otros tratan de mantener todas las reglas (grupo 2). Ninguno de los dos enfoques es el cristianismo del Nuevo Testamento. El tercer tipo de persona está operando en un plano completamente diferente. Lewis lo expresa así:

> La tercera clase son aquellos que pueden decir como San Pablo que para ellos «vivir es Cristo». Estas personas se han librado de la tediosa tarea de ajustar las demandas opuestas del yo y de Dios por el simple hecho de rechazar por completo las pretensiones del

yo. La vieja voluntad egoísta ha sido cambiada, reacondicionada y hecha nueva. La voluntad de Cristo ya no limita la suya; es de ellos. Todo su tiempo, al pertenecer a Él, les pertenece también a ellos, porque son Suyos.[3]

Lewis llega a la conclusión de que es simplista ver solo dos tipos de personas, los desobedientes y los obedientes. Porque podemos ser «obedientes» en el sentido de que seguimos un cierto código, pero de una manera que paga impuestos. El núcleo central del cristianismo auténtico no es tan solo hacer lo que Dios dice, sino disfrutar de Dios. «El precio de Cristo es algo, en cierto sentido, mucho más fácil que el esfuerzo moral: es quererlo a Él».[4]

El objetivo de este libro sobre crecer en Cristo es ayudar a los cristianos a dejar atrás el segundo tipo de persona que Lewis describe aquí y fundirse, cada vez más profundamente, en el tercer tipo de persona. Aquí está el punto: solo llegamos de la persona 2 a la persona 3 a través del Espíritu Santo. Crecer como discípulo de Cristo no es agregar a Cristo *a* tu vida, sino derrumbarte en Cristo *como* tu vida. No es una nueva prioridad, compitiendo con

3   C. S. Lewis, «Three Kinds of Men», en *Present Concerns* (Londres: Fount, 1986), 21. Para expresiones similares de lo que Lewis busca, aunque ninguna tan penetrantemente clara como la suya, ver Martín Lutero, *Career of the Reformer III*, en *Luther's Works*, ed. Jaroslav Pelikan y Helmut T. Lehmann, 55 vols. (Filadelfia: Fortress, 1955-1986), 33:318; Lutero, *The Christian in Society*, en *Luther's Works*, 44:235-42 (comp. Lutero, *Lectures on Galatians 1-4* en *Luther's Works*, 26:125); Adolf Schlatter, *The Theology of the Apostles* , trad. Andreas J. Köstenberger (Grand Rapids, MI: Baker, 1997), 102; Geerhardus Vos, «Alleged Legalism in Paul», en Gaffin, *Redemptive History and Biblical Interpretation*, 390-92; F. B. Meyer, *The Directory of the Devout Life: Meditations on the Sermon on the Mount* (Nueva York: Revell, 1904), 148-51; Herman Ridderbos, *Paul: An Outline of His Theology* (Grand Rapids, MI: Eerdmans, 1975), 137-40; Søren Kierkegaard, citado en Clare Carlisle, *Kierkegaard: A Guide for the Perplexed* (Londres: Continuum, 2007), 77-83; Martyn Lloyd-Jones, *Experiencing the New Birth: Studies in John 3* (Wheaton, IL: Crossway, 2015), 289.

4   Lewis, «Three Kinds of Men», pág. 22.

las otras demandas de reputación, finanzas y gratificación sexual. Él te está pidiendo que abraces la caída libre del abandono total a Su propósito en tu vida. Es por eso que el Espíritu Santo mora dentro de ti. Él es quien te está capacitando para hacer lo que sería completamente imposible en tus capacidades carnales: entrar en la deliciosa y aterradora libertad de la obediencia decidida a Jesús.

Te puede parecer imposible hacer eso. Está bien. *Es* imposible. Nunca llegarás allí hasta que primero intentes vivir para Cristo por tu propia fuerza y descubras cuán temeroso, cauteloso y espiritualmente impotente eres en tu propio impulso. Es ahí cuando te das por vencido y levantas las manos en el aire, es donde tu corazón es más fértil para el poder sobrenaturalizador del Espíritu Santo. Porque aunque el Espíritu mora en cada creyente, con facilidad impedimos Su poderosa obra (Ef. 4:30).

Los ductos de aire cerrados no se pueden limpiar, las tazas llenas no se pueden llenar, y el Espíritu no entra donde estamos operando en silencio por dependencia propia. Pero los angustiados, los vacíos, los que suplican, los desesperados, los que están cansados de pagar el impuesto de obediencia a Dios y tratar de vivir con lo que sobra, aquellos son corazones irresistibles para el humilde Espíritu Santo.

Redirigiendo nuestra mirada

Pero ¿cómo? ¿Cómo impulsa realmente el Espíritu Santo el cambio interior en los cristianos?

La respuesta principal que el Nuevo Testamento nos da es: el Espíritu nos cambia al hacer que Cristo sea maravilloso para nosotros. La tercera persona de la Trinidad hace Su trabajo destacando a la segunda persona de la Trinidad.

Algunos sectores de la iglesia se centran en el Espíritu Santo al considerar que algunas partes de la iglesia están descuidando al Espíritu, entonces hacen del Espíritu el punto central dominante. «El Espíritu es el que da vida» (Juan 6:63), se nos dice. «La mente puesta en el Espíritu es vida y paz» (Rom. 8:6).

Otros sectores de la iglesia enfatizan a Cristo: «A Él nosotros proclamamos» (Col. 1:28), se nos recuerda. «Predicamos a Cristo» (1 Cor. 1:23).

Pero el verdadero cristianismo apostólico entiende que disminuir a la segunda o a la tercera persona de la Trinidad es necesariamente disminuir a la otra. Porque el Espíritu mismo fija nuestra mirada en Cristo. Los dos trabajan en conjunto. El Espíritu y Cristo se elevan o disminuyen juntos. Permítanme mostrarles esto de forma breve en tres pasajes de las Escrituras.

Primero, a lo largo de Juan 14–16, Jesús consuela a los discípulos enseñándoles que es bueno para ellos que Él se vaya, para que el Espíritu pueda venir. ¿Y cómo describe Jesús la obra del Espíritu? El Espíritu «dará testimonio de» Jesús (15:26). El Espíritu «glorificará» a Jesús (16:13-14). La tercera persona pone a la segunda persona en primer plano. El impulso animador del Espíritu no es un poder crudo y sin rostro en la vida del cristiano. El Espíritu enciende nuestra contemplación de Jesucristo. La obra subjetiva del Espíritu trabaja en dupla con la obra objetiva de Cristo.

Segundo, recuerda 1 Corintios 2:12, que mencioné de pasada en el capítulo 4: «Y nosotros hemos recibido, no el espíritu del mundo, sino el Espíritu que viene de Dios, para que conozcamos lo que Dios nos ha dado gratuitamente». Recibimos el Espíritu, dice este texto, *para* que podamos comprender lo que hemos recibido libremente: la frase «dado gratuitamente» es una palabra griega, formada a partir de la forma verbal (*charizomai*) del sustantivo para «gracia» (*charis*).

El Espíritu abre nuestros ojos para ver con qué hemos sido «agraciados». Y de acuerdo con el contexto fuertemente cristocéntrico de 1 Corintios 2, tanto antes como después del versículo 12, el Espíritu abre nuestros ojos para ver con qué hemos sido agraciados en Cristo.

Tercero, y recogiendo explícitamente la metáfora de «ver» que he estado usando en este capítulo, recuerda lo que Pablo dice en 2 Corintios 3:18, donde habla de «contemplar la gloria del Señor» («Señor» sería Jesús en este contexto). El punto de Pablo es que esta misma contemplación de Jesús transforma fundamentalmente a los creyentes. Pero nota lo que Pablo dice entonces: todo esto «viene del Señor que es el Espíritu» (no una fusión de Cristo y el Espíritu, sino simplemente un vínculo muy íntimo [comp. Rom. 8: 9-11]). En resumen: el Espíritu nos hace contemplar a Cristo de tal manera que nos transforma.

Mi motivación al mostrar estos tres textos es evitar que trates de caminar en el poder del Espíritu Santo como un ejercicio separado de todo lo demás que he estado diciendo sobre enfocarme en Jesucristo. El capítulo 9 de este libro no va en una nueva dirección. El Espíritu Santo asegura todo lo dicho en los primeros ocho capítulos. Sé tan radicalmente guiado por el Espíritu que, por lo tanto, estés radicalmente centrado en Cristo. Cristo y el Espíritu, el Hijo encarnado y el Espíritu que mora en nosotros, este es tu doble don.

No te concentres demasiado en el Espíritu mismo, enfócate en Cristo, pidiéndole al Espíritu que embellezca a Cristo. El Espíritu es la causa efectiva de tu crecimiento, pero Cristo es el objeto al que debes contemplar en tu crecimiento. Un hombre no se enfoca en su cerebro cuando mira a su esposa y reflexiona sobre lo hermosa que es. Él se enfoca en ella y la disfruta. Su cerebro es lo que efectivamente causa ese disfrute. Pero ¿qué le diría a alguien que dijo que ha estado descuidando su cerebro al estar tan centrado en la esposa? Le diría: «Si no fuera por mi cerebro, no podría disfrutar de mi esposa en lo absoluto. Alabado sea Dios por un cerebro. Pero no miro *mi cerebro*; miro *con* mi cerebro».

Un anticipo del cielo

Mantente en sintonía con la persona del Espíritu Santo. Pídele al Padre que te llene del Espíritu. Mira a Cristo, en el poder del Espíritu. Ábrete al Espíritu. Conságrate a los caminos del Espíritu maravilloso en tu vida. Reconoce y cree en lo profundo de tu corazón que sin el Espíritu y Su poder, todo tu ministerio, esfuerzos, evangelización e intentos de matar el pecado serán en vano.

Al hacerlo, serás un pequeño retrato andante del cielo mismo para todos los que te rodean. Con muchas debilidades y errores, seguro. Muchos vuelven a caminar en la carne, como el segundo tipo de hombre de Lewis. Pero de vez en cuando, al principio por momentos cortos, pero gradualmente por períodos más largos de tu día, aprenderás a vivir con los propios recursos divinos de Dios. Dejarás a tu paso el irresistible sabor del cielo. Porque le estarás dando a la gente una muestra de Jesús mismo, el Señor cuyo Espíritu ha tomado residencia dentro de ti.

Conclusión: ¿Y ahora qué?

LA CONCLUSIÓN FINAL, el secreto más profundo para crecer en Cristo es este: mirarlo a Él. Pon tus ojos en Él. Permanece en Él, hora tras hora. Saca fuerzas de Su amor. Él es una persona, no un concepto. Conócelo personalmente, cada vez más profundamente a medida que pasan los años. Como dijo el pastor escocés Andrew Bonar en una carta de 1875 a los sesenta y cinco años: «Cristo se hace más precioso cada día. Oh, al conocer Su corazón amoroso».[1]

Puede parecer, a estas alturas del libro, que sus nueve capítulos te han dado una lista de nueve estrategias para implementar o nueve técnicas diferentes para tener en cuenta. Eso no es en absoluto lo que quiero que resuene en tu corazón mientras cierras este breve libro. No tengo nueve argumentos que decir. Tengo un argumento que decir. Mira a Cristo. Crecerás en Cristo a medida que dirijas tu mirada a Cristo. Si quitas tus ojos de Jesucristo y diriges tu mirada a tu propio crecimiento, estarás frenando el mismo crecimiento que deseas.

El 10 de septiembre de 1760, John Newton le escribió a una «señorita Medhurst», que era de un grupo de mujeres que Newton

---

1 En Marjory Bonar, ed., *Reminiscences of Andrew A. Bonar* (Londres: Hodder y Stoughton, 1897), 224.

había visitado en Yorkshire para ofrecer consejo espiritual. Respondiendo a la petición de ayuda que ella y sus amigas le habían hecho para profundizar con el Señor, dijo:

El mejor consejo que puedo dar, o el mejor deseo que puedo querer para ustedes, es que tengan un sentido permanente y basado en la experiencia de las palabras del apóstol que ahora están en mi mente: «Mirando a Jesús». El deber, el privilegio, la seguridad, la felicidad indescriptible de un creyente están todos comprendidos en esa frase... Mirar a Jesús es el objeto que derrite el alma en amor y gratitud.[2]

Mi objetivo en este libro ha sido tan solo entrenarte en ese impulso único, simple y determinante del corazón: mirar a Jesús. Si lo miras, todo lo demás son notas al pie de página. Todo lo demás caerá en su lugar. Si no miras a Jesús, no importa la cantidad de técnicas o estrategias, al final ninguna te ayudará; todo será en vano. Elimina cada capa de distracción y mira a Cristo. Simplifica tu corazón y todas sus preocupaciones. Mira a Cristo y a Su corazón desbordante.

Los nueve capítulos de este libro no son pasos secuenciales para crecer; son diferentes facetas del único diamante de crecimiento. Para crecer, necesitamos ver quién es el verdadero Jesús (cap. 1), caer en Sus brazos y continuar haciéndolo toda nuestra vida (cap. 2) como aquellos unidos a Él (cap. 3), bebiendo de Su amor inmerecido (cap. 4) y la completa exoneración legal sobre la base de Su propio trabajo terminado (cap. 5), por lo tanto, ser liberados para caminar en la luz (cap. 6) y recibir el sufrimiento de esta vida como la mano suave de Dios para ayudarnos en lugar de castigarnos

---

2 *Letters of John Newton* (Edimburgo: Banner of Truth, 2007), 47-48.

(cap. 7), ver el amor de Cristo inhalando la Biblia y devolviéndole nuestro amor en oración exhalada (cap. 8), y experimentar realmente el amor del cielo a través del Espíritu que mora en nosotros (cap. 9). Este es un libro con un punto: Asómbrate del corazón misericordioso de Jesucristo, probado en Su obra expiatoria en el pasado y Su intercesión interminable en el presente. Recibe Su amor inefable por los pecadores y los que sufren. Deja de resistirte. Deja que se acerque a ti. Míralo.

Al hacerlo, la transformación vendrá por la puerta trasera. Si intentas cambiar simplemente por cambiar, solo podrás cambiar tu comportamiento. No puedes cambiar tu corazón. Pero el mero cambio de comportamiento no es un cambio en lo absoluto. Aparta tus ojos de ti mismo, incluso de tu cambio o de la falta de él, y medita en Cristo. Vive en comunión con Él. Ábrele tu corazón. Recibe Su amor y consejo de las Escrituras. Míralo en la palabra predicada y en las ordenanzas en tu iglesia local. Míralo. Contémplalo.

Este enfoque único es la razón por la que no he tratado de ser exhaustivo en este breve libro. No he dicho prácticamente nada sobre algunas facetas importantes de nuestro crecimiento espiritual: el día de reposo, por ejemplo, o los grupos pequeños, o el ayuno, o la iglesia local, u otros elementos importantes del discipulado cristiano saludable. En cambio, he hecho la pregunta: ¿qué debe suceder en el corazón humano individual, más fundamentalmente, con más profundidad, para que un hombre o una mujer obtenga impulso y crezca? El mensaje de este libro es que *la* forma en que crecemos es recibiendo el amor sincero de Jesús. El evangelio de la gracia no solo nos lleva sino que nos mueve. Se necesitarán otros libros para complementar este. Pero van por debajo de este. Si no está claro cuál es la posición de este libro, ninguno de los otros servirá.

Así que deja que tu unión y comunión con Jesucristo, el amigo de los pecadores te lleve a mayor profundidad, aún más profundamente, a las maravillas del evangelio. Y verás florecer tu corazón, y por lo tanto toda tu vida.

Aprende mucho del Señor Jesús. Por cada vez que te miras a ti mismo, mira diez veces a Cristo. Él es maravilloso por completo. ¡Qué infinita majestad, y sin embargo tanta mansedumbre y gracia, y todo para los pecadores, incluso para el peor! Vive en las sonrisas de Dios. Disfruta de Sus rayos de luz. Siente que Sus ojos que todo lo ven se posan en ti en amor, y descansa en Sus brazos todopoderosos... Deja que tu alma se llene con una sensación de deslumbrante dulzura y excelencia de Cristo y todo lo que hay en Él. Deja que el Espíritu Santo llene cada compartimiento de tu corazón; y así no habrá espacio para la insensatez, ni para el mundo, ni para Satanás, ni para la carne.[3]

---

3   Robert Murray McCheyne, en una carta de 1840, en Andrew A. Bonar, *Memoirs and Remains of the Rev. Robert Murray McCheyne* (Edimburgo: Oliphant, Anderson y Ferrier, 1892), 293.

Agradecimientos

GRACIAS, MIKE REEVES, por invitarme a contribuir con este libro a la serie de Union. Esta colaboración, y la amistad que refleja, es preciosa para mí.

Gracias, Davy Chu, Drew Hunter y Wade Urig, hermanos pastores a quienes honro, por leer y mejorar el manuscrito. Los amo.

Gracias, querida Stacey, por insistir en que siga escribiendo y por animarme a lo largo del camino. Te adoro.

Gracias, Crossway, por el cuidado de este proyecto de principio a fin.

Gracias, Thom Notaro, por tu maravillosa colaboración en este proyecto como su editor.

Dedico este libro a mis profesores del seminario. Cuando llegué al campus del Seminario Teológico Covenant en St. Louis en agosto de 2002, apenas podía creer lo que estaba viendo: hombres de Dios cuya erudición, aprendizaje y compromiso con las doctrinas de la gracia *los llevó con más profundidad a la humildad y al amor*. Podría haber aprendido griego en cualquier lugar; pero solo en Covenant pude aprender la belleza interpersonal alimentada por la teología reformada, en la facultad que estaba allí en ese momento. Me dieron una base teológica para entender cómo crecer como cristiano. Pero luego, fue aún más maravilloso, al ver imágenes vivas de lo que podría convertirse ese crecimiento. En este mundo de Mordor, me encontré en medio de la Comarca. Qué misericordia de Dios al enviarme allí. Lo necesitaba. Todavía lo necesito. Gracias, queridos padres y hermanos.

Índice general

Índice escritural